HERNÁN CORTÉS

Colección
Grandes Biografías

© EDIMAT LIBROS, S.A.
c/ Primavera, 35 Pol. Ind. El Malvar
Arganda del Rey - 28500 (Madrid) España

Edición Especial para
**Ediciones y Distribuciones
PROMO-LIBRO, S. A. de C. V.**

Primera edición *EDITORS, S. A.*

Título: *Hernán Cortés*
Diseño de cubierta: *Juan Manuel Domínguez*

Dirección de la obra:
FRANCISCO LUIS CARDONA CASTRO
*Doctor en Historia por la Universidad de
Barcelona y Catedrático*

Coordinación de textos:
*MANUEL GIMENEZ SAURINA
MANUEL MAS FRANCH
MIGUEL GIMENEZ SAURINA*

ISBN: 84-8403-869-6
Depósito legal: M-11922-2002

Imprime: *Gráficas COFÁS, S. A.*

IMPRESO EN ESPAÑA - PRINTED IN SPAIN

INTRODUCCIÓN

El final del siglo XV y comienzos del XVI señalan induda-
blemente una época y actividad para España, tan grandes, que
no ha tenido, ni es fácil que tenga, otro pueblo alguno de la
Tierra.

Bajo el cetro del poderoso Fernando II de Aragón y de la
no menos poderosa Isabel I de Castilla, la unión de estos dos
reinos, por el matrimonio de sus soberanos, hizo de España
una potencia vigorosa que pasó, de repente, como por arte
de magia, de las vergüenzas y la abyección de los tiempos de
Enrique IV de Castilla, al que la Historia ha designado con
el sobrenombre de El Impotente, y de los trastornos y dis-
turbios del reinado de Juan II de Aragón, que desgarraba las
entrañas del reino, a la paz y bienandanza económica de la
época de los llamados Reyes Católicos.

Apenas efectuada la unión de las dos coronas, en efecto,
dominado el orgullo y la pujanza de Portugal, conquistado
el reino de Navarra, abatido el poder de Francia, que hubo
de entregar al monarca aragonés las ricas provincias del
Rosellón y la Provenza, conquistado asimismo el reino de
Nápoles, lo que determinó la hegemonía española en la penín-
sula italiana, y expulsados los árabes definitivamente, España
se halló a la cabeza de la civilización, siendo su poder temido
y respetado por las naciones occidentales.

Durante el reinado de los Reyes Católicos, la regencia del
cardenal Jiménez de Cisneros y el reinado del nieto de aqué-
llos, el emperador Carlos I de España y V de Alemania, el
descubrimiento de nuevas tierras y vastos imperios, allende

los mares, extendieron la dominación española a muy dilatados horizontes, hasta el punto de poder decir que «no se ponía el Sol en sus Estados».

Fue en aquella época cuando surgieron los nombres de hombres de alto temple, valor y ¿por qué no? desmesurada ambición, como Francisco Pizarro, Hernán Cortés, Alonso de Ojeda, Américo Vespucio y muchos otros, que ensancharon el imperio español hasta unos límites insospechados, gracias todo ello a la tenacidad de un hombre, tal vez de origen italiano, aunque esto haya quedado en la oscuridad, llamado Cristóbal Colón, quien abrió el camino de otro continente, un continente fabuloso, virgen, rico en demasía, al que Vespucio dio su nombre: América.

Y fue precisamente un extremeño, como lo había sido Pizarro, llamado Hernán Cortés, el que le dio a la corona española unas tierras feraces, ricas en oro y una vasta cantidad de productos de todas clases, que enriqueció a la península madre, al tiempo que ayudaba a tejer una historia de intrigas y crueldad, que fue un estigma para aquellos aventureros que, sin ello, y a pesar de ello, han conseguido entrar por derecho propio en las páginas de oro de la Historia.

Bibliografía

BERNAL DÍAZ DEL CASTILLO: *Historia verdadera de la Conquista de Nueva España*, Genero García, México, 1904.

HERNÁN CORTÉS: *Historia de Nueva España. La conquista de México*, Editora de los Amigos del Círculo del Bibliófilo. Biblioteca Nacional, Madrid, 1981.

— *Cartas de relación al emperador Carlos V*, preparadas por Pascual Gayangos, París, 1866.

FRANCISCO CERVANTES DE SALAZAR: *Crónica de la Nueva España*, Madrid, 1914.

W. H. PRESCOTT: *The History of the Conquest of Mexico*, 1.ª ed. española. Beratarrechea, Madrid, 1847.

SALVADOR DE MADARIAGA: *Hernán Cortés*, Espasa Calpe, Madrid, 1974.

VV.AA.: *Estudios cortesianos*, CSIC (Consejo Superior de Investigaciones Científicas), Madrid, 1948.

F. BENÍTEZ: *La ruta de Hernán Cortés*, FCE (Fondo de Cultura Económica), México, 1950.

C. PEREYRA: *Hernán Cortés*, Espasa Calpe, Buenos Aires, 1959.

J. DESCOLÁ: *Hernán Cortés*, Ed. Juventud, Barcelona, 1978.

J. FUENTES MARES: *Cortés: el hombre*, Grijalbo, México, 1981.

JESÚS AMAYA Y TOPETE: *Atlas mexicano de la conquista*, México 1958.

VV.AA.: «La conquista de América (I)», *Historia 16*, Extra X, Madrid, junio de 1979.

HERNÁN CORTÉS: *Cartas y documentos*, Ed. Porrúa, México, 1963.

FRANCISCO MORALES PADRÓN: *Historia del Descubrimiento y Conquista de América*, Editora Nacional, Madrid, 1981.

CAPÍTULO I

DE MEDELLÍN A SALAMANCA

Hernán, o Fernán, o sea Fernando, Cortés, nació en Medellín, localidad de Extremadura, en el año 1485. Era hijo de un militar, Martín Cortés de Monroy, teniente de una compañía de infantería, y de doña Catalina Pizarro y Altamirano.

> *Entrambos* —dice el biógrafo e historiador Gómara— *eran fidalgos. Ca todos estos cuatro linajes, Cortés, Monroy, Pizarro y Altamirano, son muy antiguos, nobles e honrados.*

Por su parte, Fray Bartolomé de Las Casas, biógrafo de Colón, aunque no conoció mucho a Cortés, dice:

> *Era natural de Medellín, hijo de un escudero que yo conocí, harto pobre y humilde, aunque cristiano viejo y dicen que hidalgo.*

Sea como sea, lo cierto es que Martín Cortés de Monroy tomó parte, con el grado de capitán, en la campaña llevada a cabo contra la reina Isabel I de Castilla por Alonso de Monroy, clavera de la orden militar de Alcántara, siendo éste uno de los episodios de la larga lucha entablada por los Reyes Católicos para dominar a la rebelde aristocracia que heredaron de sus antepasados. De todos modos, este Alonso Monroy no parece haber tenido parentesco alguno con Martín Cortés.

9

Cortés, estudiante

A Hernán —que por este nombre se le conoce más que por el de Fernán y así nos referiremos a él en adelante—, lo enviaron a Salamanca a cursar estudios. Al principio, mostró una gran afición por el estudio, mas al cabo de dos años volvió a sus lares extremeños porque no quería ser abogado como deseaban sus padres.

En realidad, este afán paterno de querer que su hijo estudiase una carrera, mal se compagina con la aseveración de Las Casas, según la cual los padres de Cortés eran gente pobre y humilde.

Hernán Cortés, estando en la Universidad plateresca de Salamanca, había hablado de sus proyectos ambiciosos con su amigo, el licenciado Vadillo.

Este le dio buenos consejos respecto a su carrera, poniéndose él mismo como ejemplo, pero Cortés se limitó a darle las gracias, y añadió que su afán se cifraba en ir a Portugal y estudiar cosmografía.

En realidad, Hernán Cortés estaba poco enterado del descubrimiento de América, puesto que en aquellos tiempos no se difundían las noticias con facilidad, y para saber la verdad de las cosas era necesario hablar con un sabio, o sea un experto en una u otra materia.

Los descubrimientos de los navegantes se consideraban secretos de Estado y no solían divulgarse. De Colón solamente sabían algo preciso los que le habían acompañado en sus viajes y los cartógrafos del Rey, mas por falta de medios de comunicación, las noticias no llegaban, o llegaban muy tarde, al «hombre medio de la calle».

Lo cierto es que Hernán Cortés tal vez había asistido muy poco a las aulas de Derecho, pero sí había tratado con personajes muy doctos. Así, leyó mucho, aunque no libros de texto, sino otros en los que se relataban las hazañas de Julio César y un libraco que encontró en un rincón de la Biblioteca, titulado *Espejo de cortesanos y príncipes*. Y también leyó,

Hernán Cortés, el conquistador de México.

como era la moda de aquellos tiempos, muchos libros de caballerías.

De pronto, un día, sin apenas despedirse de nadie, cogió su modesto hatillo de estudiante pobre, y regresó al hogar paterno de Medellín, montado en una mula de alquiler.

Si su madre se alegró al verle, poco duró la alegría, ya que el muchacho acababa de cometer un acto de clara desobediencia. Pero cuando discutió con su padre, Hernán insistió en querer ser soldado y no abogado, y correr aventuras.

Y al final, acabó por manifestarle a su padre:

> *Con la venia de vuesa merced, tengo que escoger entre dos capitanes. Vos, como antiguo militar podéis aconsejarme. Uno es Gonzalo de Córdoba, el Gran Capitán, al que ya conocéis, y otro, el capitán Nicolás de Ovando, gobernador de la isla La Española, que ahora creo está en Sevilla.*

Los padres meditaron entristecidos, pero convencidos de que sería imposible torcer la voluntad férrea de su hijo. Cortés había nombrado las Indias, que así llamaban a principios del siglo XVI los españoles a las tierras americanas.

Luego, puesta a escoger entre las Indias e Italia, doña Catalina prefirió que su hijo Hernán pasara a la península casi hermana de la española. El viaje era corto, una o dos semanas con viento favorable, y podía regresar mucho antes, pero Las Indias...

Sin embargo, Hernán prefería ir a las nuevas tierras, tan llenas de promesas para las almas aventureras como era la suya, seguramente heredada de su padre.

Y todo fue inútil. Hernán Cortés ardía en deseos de meterse en peligros y aventuras, que ya anticipaba en sus ensueños mozos. Manejaba la espada con una destreza terrible y gustaba de pendencias y duelos.

Y al fin, sus padres le dieron licencia para embarcarse, y él se marchó a Sevilla, siempre en su mula de alquiler, sin apenas dinero en los bolsillos, pero con su juventud, su ambición, su esperanza y, sobre todo, su audacia.

Hernán Cortés en Sevilla

Cuando Hernán Cortés llegó a Sevilla fue en busca de Nicolás de Ovando, el cual estaba a punto de zarpar para Santo Domingo, o sea La Española. Y como Cortés no tenía ni un escudo, Ovando, confiando en su aspecto de hidalgo, y también en su buena espada, le prestó cierta cantidad, no muy grande, le regaló un pequeño broquel y desde el primer momento lo consideró como miembro de la tripulación.

Fue en Sevilla donde le sucedió el caso que todos sus biógrafos han recogido.

Es lo cierto que paseando un día por Sevilla, una novia pasajera le dio cita para determinada hora de la tarde en una casa de las afueras, donde ella vivía, pero le advirtió que para reunirse con ella debería saltar la tapia de una mansión muy principal.

Allí fue el enamorado mozo, pero al saltar la verja le ocurrió un contratiempo que le puso en un mal brete, pues como la tapia no estaba en muy buen estado, el peso de Hernán la derrumbó y allí se fue el galán al suelo, fracturándose varias costillas.

Entonces tuvo que ir en busca (o le llevaron) de un «algebrista», como llamaban entonces a los médicos encargados de reparar el esqueleto humano, y transcurrieron varias semanas antes de estar recuperado.

Nicolás de Ovando no pudo aguardarle y zarpó hacia su destino de La Española, dejando en tierra a Hernán Cortés.

CAPÍTULO II

CORTÉS EN ITALIA

Pero tan impaciente como buen muchacho, Cortés no pudo aguardar a que otra nave saliese con rumbo a las nuevas tierras, y se embarcó para Italia.

Corría el año 1504, y él apenas contaba diecinueve años de edad. Fue aquél el año en que falleció Isabel la Católica y su protegido Cristóbal Colón.

En aquel entonces, Venecia y los moros de Egipto se aliaban con el rey hindú de Calcuta contra Portugal, y Fernando el Católico volvía a casarse, esta vez con Germana de Foix, a fin de tener un heredero varón, pues los hijos habidos de su primera mujer habían muerto todos. Además, Catalina de Aragón, hija de Isabel y Fernando, se había casado ya con Arturo de Inglaterra, quien fuera hermano de Enrique VIII, con quien también se desposaría después, a la muerte de Arturo.

Era aún pronto para que Hernán Cortés se convirtiese en el conquistador del imperio azteca.

En los tercios de España

Era como si el destino quisiese templar el espíritu del joven extremeño, puesto que aquel tiempo de contacto con los tercios españoles en Italia le sirvió de mucho para ganar experiencia militar, que más adelante tan útil debería serle.

En aquella escuela militar aprendió que no todo eran victorias, laureles y músicas marciales. Aprendió la dura lección de las marchas, de dormir noches enteras bajo las inclemencias del tiempo, sintió el hambre y la fatiga, el agotamiento y la responsabilidad del soldado en todo momento. Y cuando entró en fuego contra los franceses, aprendió que ser guerrero no consiste en abandonarse al furor del ataque sino en conservar la sangre fría contra el enemigo en medio de los mayores peligros.

Hernán Cortés llevaba en sí una diplomacia instintiva que le hacía tratar bien, por igual a inferiores que superiores. Siempre se mostró buen diplomático, con sus camaradas de campamento, con sus superiores, lo fue más tarde con el inepto gobernador de Cuba y con los indios, así como en las magistrales misivas que le envió al emperador Carlos I para darle cuenta de sus operaciones militares.

Hay autores que niegan la estancia de Hernán Cortés en Italia. Gayandos dice, en efecto, que sólo se dirigió a Valencia con intención de embarcarse pero que las cosas no le fueron muy propicias y que estuvo viviendo a la ventura hasta que de nuevo tuvo ocasión de ir a las Indias.

Nicolás de Ovando era pariente de Cortés, y siendo gobernador de La Española pudo ayudarle bastante a establecerse allí. Y Cortés, finalmente, tanto si estuvo en Italia como si esto es pura leyenda, lo cierto es que se embarcó para América en una nao propiedad de un tal Alonso Quintero, vecino de Palos de Moguer, que partió del puerto de Sanlúcar de Barrameda, de donde había zarpado Colón, y de donde también iba a zarpar Magallanes.

Así, la travesía empezó en Sanlúcar y la primera parada la tuvo en La Gomera, una escala obligada en el viaje hacia América. Allí, debían reponer víveres. Pero Alonso Quintero, con muchos deseos de adelantarse a los otros cuatro navíos que realizaban también la travesía, con el fin de vender su mercancía a mejor precio en la isla llamada La Española, levó anclas a escondidas.

Sin embargo, de poco le sirvió, pues no había llegado a la altura de la isla de Hierro —todavía en el archipiélago canario—, cuando el viento se alzó con tal furia que rompió el mástil, cayendo éste sobre el puente. Por fortuna no se contabilizaron víctimas, ya que tanto tripulación como pasaje viajaban en aquel momento en la zona de popa. Pero, con el mástil roto, Alonso Quintero no tuvo más remedio que regresar a La Gomera para reparar el navío.

Parece ser que convenció a los otros cuatro gobernantes de las naves para que esperasen a que reparara la nave, lo cual no se entiende demasiado bien, pues les acababa de gastar una jugarreta. Y, lógicamente, ¿no podían pensar que quien la había hecho una vez podía hacerla otras veces? En realidad, esto fue lo que sucedió, pues cuando ya los cinco navíos se hallaban en alta mar, una noche, Alonso Quintero mandó desplegar todas las velas y, en pocas horas, desapareció de la vista del convoy.

Pero tampoco le salió bien esta vez, pues el piloto perdió el rumbo y a punto estuvieron de no tocar ningún puerto antes de morir de hambre y de sed. Finalmente, un buen día, se atisbó desde el puesto de guardia una paloma y decidieron seguirla. Cuatro días después, el navío atracaba en el puerto de la futura Santo Domingo. Mas, para sorpresa del navegante Quintero, las otras cuatro naves ya estaban fondeadas en el puerto.

Ya tenemos al futuro conquistador con diecinueve años en aquel exótico y fabuloso escenario que poco a poco comenzaba a dibujarse, abandonando la categoría difusa y nebulosa de Indias surgida de la imaginación del Almirante y que pronto se concretaría como parte integrante de lo que sería el primer gran imperio colonial del «antiguo régimen».

Es la época en que van a la par el «descubrimiento» y configuración de las nuevas tierras, su sometimiento a la

Corona de Castilla junto con la de sus pobladores y la puesta en práctica de un nuevo sistema de desarrollo económico en aquellos lares, abandonados para siempre los planes de colonia de explotación o factoría colombinos por los de colonias de poblamiento, en los que se combine ciertamente la explotación con el poblamiento hispano, junto con la población indígena, amalgama o simbiosis con frecuencia traumática.

¿Por qué? Entre las muchas causas recalquemos el problema evangelizador. Isabel la Católica y sus más allegados colaboradores en este sentido, fray Hernando de Talavera, Arzobispo de Granada y en especial fray Francisco Jiménez de Cisneros, su confesor más renombrado, consideraban que la primera obligación impuesta a la Corona era por encima de las demás la «salvación eterna» de sus nuevos súbditos. Este ideal provoca choques con los propios conquistadores y colonizadores por echarles en cara con sinceridad su actuación: Así el ardoroso Las Casas, Motolinia, Mendieta, Sahagún, Montesinos, etcétera, gracias a su celo evangelizador siguió pronto a la conquista o sometimiento la fundación de centros educativos religiosos seculares y regulares.

El segundo problema es el político. ¿Qué Estado se ha encontrado en Europa con la ardua tarea administrativa *in crescendo*, salida la metrópoli de una lucha secular de ocho siglos? Frente al fracaso colombino, la Corona española tiene que sortear diplomáticamente las pretensiones, basadas en derecho de Colón e iniciar el envío de gobernadores idóneos como fray Nicolás de Ovando, al que Cortés no había podido acompañar, y a éste habrían de seguir legión.

La tarea que les esperaba era ardua, como señala Salvador de Madariaga, en la mejor biografía publicada sobre Cortés hasta la fecha: «había que distribuir tierras, fundar ciudades, abrir caminos, proveer puertos, organizar mano de obra, reprimir revueltas y alzamientos, cobrar, guardar y remitir el quinto real del oro que se extraía de las minas, recoger informes de lo que ocurría en las islas vecinas y en tierra firme»*.

Santo Domingo, en la isla Española, bautizada así por Colón, era el centro de aquel nuevo escenario en donde pululaban los recién llegados de la península, ávidos de dirigir una exploración o simplemente más cómodos, que les concedieran un *repartimiento* de indios y dedicarse con ellos a tareas menos gloriosas como la granjería o la explotación minera, aunque quizá más seguras.

En el corto período de tiempo entre el tercer viaje de Colón y la llegada de Cortés a Santo Domingo, la pequeña colonia de La Española había tomado parte directa o indirectamente en la exploración de más de cinco mil kilómetros de costa sudamericana desde el Cabo San Agustín a Panamá. En el cuarto viaje, el Almirante arribará a Tierra Firme. A través de los sermones escuchados en Santo Domingo, Cortés captará toda la problemática indiana y aguardará el momento propicio para obrar en consecuencia.

---

* Salvador de Madariaga, obra mencionada en la bibliografía.

CAPÍTULO III

CORTÉS EN AMÉRICA

Cuando por fin llegó a tierra firme, Cortés fue al encuentro del gobernador Ovando, que estaba ausente en el interior de la isla para resolver unos asuntos administrativos. Porque Hernán Cortés pensaba solamente establecerse allí como colono.

No era sencillo establecerse, sin embargo, al menos como pretendía Hernán. Por muy emparentado que estuviese con el gobernador no podía decirle: «Yo soy el futuro conquistador de México, Hernán Cortés. Dadme una flota y poned hombres a mis órdenes».

La cosa era muy larga y difícil. En gran parte, además, dependía de la casualidad y la fortuna. Era preciso hacer méritos y, por otra parte, los gobernadores no eran eternos. Naturalmente, tampoco lo fue Nicolás de Ovando, al que sustituyeron otros, con lo que Hernán perdió para siempre a su buen protector.

Así, no tardó en presentarse Diego Colón, hijo del Gran Almirante, quien sustituyó en el cargo de gobernador a Ovando. Y en escena fueron apareciendo otros personajes como Diego Velázquez, primero amigo y protector y después enemigo de Cortés, por una serie de motivos que siempre se han discutido, los cuales eran de índole íntima y política.

Problemas de amor

Hernán Cortés, fiel a sus deseos de conquista, también era buen conquistador en el terreno amoroso. Los españoles no solían llevar consigo a América ni a sus mujeres ni a sus hijas. Como no tenía prejuicios de raza, si una mujer era hermosa, lo mismo daba que fuese mora, negra, malaya o india. Por eso, los conquistadores del Nuevo Mundo dejaban en España a sus familias, que esperaban que el héroe regresara cargado de oro y fama, o al menos que enviase recursos. Si no volvía, era señal de que se había establecido, y entonces sus hermanos, hijos y otros parientes se le reunían para hacer fortuna a su vez.

Por eso, en las Antillas abundaban las indias y escaseaban las españolas. Y es por eso que la mujer que se atrevía a cruzar el Atlántico, lo cual era una verdadera aventura en aquella época, cuando llegaba al continente americano, la asediaba un enjambre de pretendientes, y si era bella, el enjambre era mucho mayor todavía.

Fue esto lo que sucedió con Catalina Juárez y sus dos hermanas, que llegaron de España, acompañando a la virreina doña María de Toledo. Todo el mundo se disputó a las hermanas Juárez, y Cortés tuvo éxito galanteando a Catalina. Diego Velázquez, que no debe ser confundido, claro está, con el famoso pintor español de igual nombre, puesto que éste vivió en los tiempos de Felipe IV, el rey galán, cortejó a otra de las hermanas. Pero como Hernán no quiso cumplir más adelante con la promesa de matrimonio hecha a Catalina, esto le indispuso con Velázquez.

Este conflicto tuvo lugar en la isla de Cuba, a la que Velázquez y Cortés habían ido a poblar y conquistar. Las Antillas estaban recién descubiertas, pues desde la fecha de su descubrimiento en 1492, hasta 1511, año en que ocurrían las conquistas amorosas de Cortés, sólo habían pasado diecinueve años.

El conflicto entre Velázquez y Cortés se agudizó, ya que el primero tenía en Cuba muchos enemigos y descontentos, como le ocurre a todo el que ejerce un cargo de responsabilidad.

Los conquistadores ensancharon el imperio español hasta unos límites insospechados.

Hernán Cortés, que lo era todo menos pacífico, empezó a conspirar contra Velázquez, gobernador de la isla, y éste lo metió en la cárcel, pero Hernán logró huir y se refugió en lugar sagrado, o sea en un templo. Catalina, muy enamorada de él, le vio allí, Cortés cometió la imprudencia de abandonar la iglesia, y Velázquez volvió a encerrarle.

Hernán Cortés, alcalde

Fue entonces cuando Cortés empezó a arriesgar su vida realmente. Velázquez lo metió en un barco custodiado por hombres armados, pero de nuevo volvió a escapar, con riesgo cierto de su vida. Le resultaba preciso estar libre porque llevaba consigo una serie de documentos que ponían en un grave compromiso al gobernador. Y con dichos documentos se presentó en casa de Juan Juárez, cuando menos le esperaban.

Hernán, ni corto ni perezoso, le comunicó a Juárez que los documentos de que se había apoderado demostraban que el gobernador Velázquez era un traidor a la corona española y a los intereses de España, y además, se comprometió a casarse con Catalina. Pero Juárez se quedó meditabundo y replicó:

—*De esto habrá tiempo para decidirlo —refiriéndose al casamiento—. Pero respecto al gobernador...*
—*Bah —exclamó Cortés—. Cuando sepa qué papeles poseo deseará ser mi amigo.*

Poco después, sabedor de que Cortés había buscado refugio en casa de los Juárez, no tardaron en hacer acto de presencia allí los soldados del gobernador. Pero Cortés, avisado con el tiempo justo, saltó por una ventana y volvió a buscar amparo en la iglesia. Es posible incluso que lo hiciese con hábitos de monja o fraile. Al enterarse de ello, Diego Velázquez montó en cólera.

Luego, se sentó con Juárez y pensó que tal vez era mejor perdonar a Cortés, porque lo cierto era que necesitaba hombres de su temple. Los indios andaban revueltos y hacía falta alguien que los sentara con mano dura.

Aquella noche, todavía en casa de los Juárez, Velázquez parecía aguardar a alguien. Y, en efecto, su intuición no le había engañado. Hernán Cortés se presentó con la espada al cinto. Había vuelto a salir del templo, favorecido por la oscuridad nocturna. Sin perder un ápice de su aplomo, saludó con desembarazo tanto a Juárez como al gobernador.

Y Diego Velázquez tuvo que declararse vencido. Hernán Cortés poseía una personalidad superior a la suya. Si lo detenía, volvería a huir. En fin, como le había contado Juan Juárez, estaba dispuesto a casarse con la hermosa Catalina... Lo más importante era acabar con la hostilidad de los indios...

Y Diego Velázquez nombró a Hernán Cortés alcalde de la villa de Baracoa, o sea la actual ciudad de Santiago de Cuba.

La misión en Baracoa

Cortés, en las tierras asignadas a él por el gobernador, se dedicó ante todo a la cría de vacas y ovejas, un oficio sumamente plácido para un joven de su temple. Pero era preciso esperar. Dar tiempo al tiempo. Por el momento, poseía lo que ambicionaban precisamente muchos españoles: una hacienda, indios para servirle, ganado y unas minas que, naturalmente, no eran suyas sino del Rey, pero con todo lo que tenía ganaba mucho dinero.

Cortés, que no era realmente ambicioso, sólo se aplicó a su trabajo; esto, que parece una contradicción, es la pura verdad. Los ambiciosos, los que ansiaban ganar riquezas lo antes posible, iban a correr aventuras, tratando de conquistar tierras lejanas y vírgenes. Los que se quedaban al cuidado de sus haciendas, sabían que tardarían más en enriquecerse, pero sabían también que su enriquecimiento sería más seguro que el de los aventureros.

Diego Velázquez estaba contento con Cortés, gracias al cual el país se enriquecía... y él también en su calidad de gobernador poco escrupuloso...

Rumores indios

Cuando los españoles llegaron a las Antillas, bajo el mando de Cristóbal Colón, todos ellos, lo mismo que el Descubridor, pensaron haber hallado un puñado de islas e islotes, pertenecientes a la India oriental. Más tarde, se supo ya que en realidad la India verdadera quedaba muy lejos de allí, y se contentaron con aquel puñado de islas más o menos productivas, y así se empezó una pequeña colonización, con la evangelización de los indios, que se hallaban en un estado semisalvaje, y cuyas armas de madera no ofrecían ninguna resistencia a los nuevos colonizadores.

Sin embargo, no se tardó mucho en correr el rumor, propagado por los mismos indios, acerca de unas tierras muy vastas y llenas de enormes riquezas, pobladas por unos seres civilizados.

Los españoles, al oír tales rumores, que circulaban ya de manera insistente, comprendieron que Cuba y las demás islas antillanas se hallaban cerca de algo muy grande, inmenso tal vez.

Y también supieron que aquello grande, aquellas tierras que aún estaban por descubrir, tenían un nombre indio: el Yucatán.

CAPÍTULO IV

EL YUCATÁN

Estando todavía Cortés enzarzado en sus conflictos con el gobernador Diego Velázquez, llegaron a Cuba cuatro naves, mandadas respectivamente por Pedro de Alvarado, Francisco de Montejo y Alonso Dávila las tres primeras, y la cuarta por un deudo de Velázquez, llamado Juan de Grijalba.

Fue Bernal Díaz quien nos dejó el retrato de los tres primeros:

> *Pedro Alvarado sería de treinta y cuatro años cuando acá pasó; fue de muy buen cuerpo y bien aproporcionado y tenía el rostro y cara muy alegre é en el mirar muy amoroso y por ser agraciado le pusieron por nombre los indios mexicanos* Tonatio, *que quiere decir el Sol. Era muy suelto y buen jinete y sobre todo ser franco y de buena conversación, y en vestirse era muy polido y con ropas costosas e ricas. Traía al cuello una cadenita de oro con un joyel y un anillo con buen diamante.*

De Francisco de Montejo dijo:

> *Fue algo de mediana estatura y el rostro alegre y amigo de regocijos e hombre de negocios e buen jinete, e cuando acá pasó sería de treinta y cinco*

27

años y era franco y gastaba más de lo que tenía de renta.

Finalmente, describió así a Alonso Dávila:

Era de buen cuerpo y rostro alegre y en la plática, expresiva, muy clara y de buenas razones y muy osado e esforzado. Sería de treinta y tres años cuando acá pasó e tenía otra cosa, que era franco con sus compañeros, mas era tan soberbio e amigo de mandar e no ser mandado y algo invidioso e era orgulloso e bullicioso.

Las Casas debió de sentir cierta predilección por el capitán Juan de Grijalba, al que describió como sigue:

Era gentil mancebo de hasta veintiocho años, y estaba vestido de un sayón de un carmesí-pelo, con lo demás que al sayón respondió, cosas ricas. Era de tal condición natural que no hiciera, en cuanto a la obediencia y aun en cuanto a humildad y otras buenas cualidades, mal fraile. Yo lo conocí e conversé harto y entendí siempre dél ser a virtud y obediencia y buenas costumbres inclinado y muy sujeto a lo que los mayores le mandasen.

Rumbo al Yucatán

Diego Velázquez, puesto en contacto con estos cuatro capitanes, y deseando afirmar sus derechos a las nuevas tierras que podían descubrirse, encargóles la aventura de dirigirse a lo que los indios denominaban Yucatán.

Y así, según el historiador Salvador de Madariaga:

Terminados los preparativos en Santiago de Cuba, capital entonces de la isla, bendecidas las banderas, reconciliados unos con otros y todos con Dios, oída la misa del Espíritu Santo, la tropa desfiló hacia el puerto para embarcar al son de pífanos y atambores.

Velázquez, pese a su obesidad, hizo el sacrificio de acompañarles, y ya en el muelle, después de un abrazo a cada uno de los capitanes, dirigió a la tropa una alocución que, de creer a Cervantes de Salazar, tomó la forma siguiente:

—Señores y amigos míos, criados y allegados. Antes de ahora tendréis entendido que mi principal fin y motivo en gastar mi hacienda en semejantes empresas que ésta, ha sido el servir a Dios y a mi Rey natural, los cuales serán muy servidos de que con nuestra industria se descubran nuevas tierras y gente, para que con nuestro buen ejemplo y doctrina, reducidas a nuestra santa fe, sean del rebaño y manada de los escogidos. Los medios para este tan principal fin son: hacer cada uno lo que debe, sin tener en cuenta con ningún interés presente, porque Dios, por quien acometemos tan arduo y tan importante negocio, os favorecerá de tal manera que lo menos que nos dará serán bienes temporales.

Algunos de los soldados «señores, criados y amigos» que oyeron esta oración, cambiarían guiños y sonrisas, sobre todo los que sabían que las instrucciones de Velázquez a Grijalba consistían en que «rescatase todo el oro y plata que tuviese, y si viese que convenía poblar o se atrevía a ello, poblase, y si no, que se volviese a Cuba».

Así, animados por las palabras del gobernador, la armada salió de Santiago el 25 de enero, «no *sin lágrimas de los que quedaban y de los que se despedían, con gran ruido de música y tiros que dispararon de los navíos», bogando por la costa norte hasta Matanzas, puerto más importante entonces que La Habana, donde se proveyeron de pan casabe y carne de puerco, pues entonces, como apunta Bernal Díaz, no había todavía ni vacas ni carneros.*

De allí siguieron viaje a San Antón, extremo occidental de la isla, también llamado por su nombre aborigen de Guaniguanico, donde «después de haberse todos confesado, se trasquilaron las cabezas, que fue la primera vez que los españoles lo hicieron en las Indias, porque antes se precisaban de traer coletas. Hicieron esto porque entendieron que el cabello largo les había de ser estorbo para la pelea».

Hernán Cortés, capitán general

Más adelante, para saber noticias de Grijalba, Velázquez envió a Cristóbal de Olid con una carabela, pero perdió el tiempo porque Olid regresó sin noticias.

De Cristóbal de Olid, Bernal Díaz escribió:

Si este hombre fuera tan sabio y prudente como lo era de esforzado y valiente por su persona tanto a pie como a caballo, hubiera sido extremado varón; mas no era para mandar sino para ser mandado, y era de edad de treinta y seis años y natural de cerca de Baeza o Linares —provincia de Jaén— y su presencia y gran altura le hacía de buen cuerpo, membrudo y con gran espalda, bien entallado y era un poco tubio, teniendo buena presen-

cia en el rostro trayendo en el bezop de abajo siem-
pre como hendido a manera de grieta. En su hablar
era algo rudo, aunque se podía mantener una buena
conversación con él y tenía otras buenas condi-
ciones de ser franco.

Entonces, sin noticias de los viajeros, en la mente de Velázquez empezó a madurar la idea de enviar otra expedición de más importancia a las tierras del Yucatán. Para ello, necesitaba un hombre audaz y rico al mismo tiempo, porque los soldados eran profesionales y sólo luchaban por la soldada. Además, el gobernador deseaba perder lo menos posible en la operación. Era preciso «arriesgar el dinero de los demás», como hacen los buenos comerciantes que operan a crédito.

Pensó, pues, que tal vez el más indicado para aquella aventura sería Hernán Cortés.

Y así se apresuró a nombrarle capitán general de la nueva armada.

Hernán, por su parte, ansioso de correr aventuras y peligros, después de su vida de holganza campesina en su hacienda, empleó casi toda su fortuna en equipar once carabelas y bergantines, adelantando dinero a los que se alistaban voluntarios para la expedición.

Los fines expresos de la partida que debía realizar Hernán Cortés eran los de encontrar a Grijalba y a Cristóbal de Olid; también se trataba de encontrar a seis cautivos cristianos que se creía que habían quedado en manos de los naturales en un lugar no conocido; explorar la tierra e interesarse por cuanto se pudiera saber de sus habitantes, animales, riquezas —sobre todo estas últimas—, y flora; informarse sobre otras islas y tierras, sobre las creencias y costumbres religiosas, etcétera.

Cortés contaba por aquel entonces ya treinta y tres años y era un hombre vigoroso y sano. En verdad, nadie puede

31

poner en duda su impulso vital, su espíritu de empresa y, sobre todo, su don de mando. Pero, hasta entonces, todavía no se había mostrado como el futuro conquistador que iba a ser. Así, cabe la pregunta: ¿qué le sucedía? ¿Por qué aquel hombre que iba a marcar un hito en la historia de España no había todavía mostrado inquietudes de conquista y fama? Es muy posible —y no se ven otras razones que puedan explicar su forma de actuar— que permaneciese deliberadamente en la sombra, reservando sus energías para el momento en que todos los exploradores fracasados le hubieran abierto el paso hacia un triunfo que únicamente él sería capaz de alcanzar.

Pero cuando todo estaba ya dispuesto se produjo la primera contrariedad: regresó Juan de Grijalba a Cuba y trató de disuadir a Velázquez de que efectuase la expedición.

El consejo de Grijalba parecía jugar a favor de que el gobernador detuviese la partida de las naves puesto que uno de los motivos de la empresa: conocer noticias de la expedición de Grijalba, se podía cumplir por boca del propio explorador, pero los móviles que la impulsaban eran en el fondo mucho más complejos. Velázquez, a la sazón gobernador de Cuba, se hallaba deseoso de sacudirse la dependencia de La Española y además de realizar bajo sus auspicios una empresa realmente grande que naturalmente ofreciera pingües ganancias.

De los frailes Jerónimos, había obtenido permiso para explorar y rescatar cautivos en Yucatán. Esta licencia que por entonces podían otorgar los Jerónimos como auténticos gobernadores de Indias -dice Morales Padrón- «nos lleva a analizar los títulos que Cortés portaba». Cortés llevaba títulos de Derecho Público y otros privados o de Derecho Mercantil y Civil. De Derecho Público eran la Capitulaciones e Instrucciones (acordadas el 23 de octubre de 1518) donde se delimitaba la finalidad de la expedición: rescatar cautivos, obtener información y realizar trueques.

El joven dejó los estudios para embarcarse como soldado hacia las llamadas Indias.

33

Sin embargo, una hábil cláusula autorizaba a Cortés para actuar «como más al servicio de Dios Nuestro Señor y de Sus Altezas convenga».

De Derecho Público era también la mencionada licencia de los Padres Jerónimos, expedida a nombres de Cortés como capitán y armador junto a Velázquez. En ella se ordenaba que debía acompañarle un tesorero y un veedor (oficial ocupado a la intendencia). Todo ello presuponía que Velázquez no era el único impulsor y armador de la empresa y Cortés su delegado que debía acatar sus órdenes, sino que eran ambos jefes del proyecto conjuntamente, dependientes de los gobernadores de La Española y sin subordinación el uno del otro.

Este documento lo resalta el historiador Francisco López de Gómara (1511-1562) gran panegirista de Cortés en su *Historia de las Indias y conquista de México* impresa por primera vez en Zaragoza en 1552. Documento usado con extraordinario celo por los Procuradores del conquistador en la Corte, durante la causa que se le siguió.

Por último, de Derecho Privado hay que señalar la aportación fundamental tanto pecuniaria como en naves (de los diez barcos de la expedición siete eran de Cortés o fletados por él) y el hecho de compartir las acciones de la empresa con Velázquez. El genial extremeno se preocupó de comprar sus derechos a los expedicionarios que habían aportado fondos.

Pronto Velázquez comenzó a sospechar que Cortés, como lo había hecho de Grijalba y Olid, pues con razón temía que se levantara con la gobernación de lo que descubriese. Al saberlo Cortés aceleró sus preparativos y se refugió en la villa de la Trinidad, hospedándose nada menos que en casa del propio Grijalba. Velázquez envió órdenes de arresto para Cortés pero nadie se atrevió a ejecutarlas. La expedicion enfiló hacia la costa de San Cristóbal de la Habana en donde el capitán realizó los últimos preparativos...

34

Como escribe Madariaga: «Velázquez no tendría más remedio que ceder ante lo inevitable. Su actitud revelará bien claramente que se sentía débil ante el que consideraba rebelde, lo que tiende a confirmar que no poseía suficiente influencia financiera (ni moral añadiríamos nosotros) sobre la flota.»

CAPÍTULO V

CERVANTES EL LOCO
Y OTRAS INTRIGAS

Naturalmente, no nos referimos al autor de *Don Quijote de la Mancha*, sino a un «truhán, borracho y loco», que a veces servía de bufón a algunos de los que acompañaban al gobernador. Era, en realidad, un aventurero que había ido a las Indias en busca de fortuna, y se había estrellado en el camino.

Uno de los oficiales de Hernán Cortés, Bernal Díaz del Castillo, que más tarde sería cronista de la expedición, refiere que un domingo, acompañando al gobernador a misa, Cervantes que iba delante «haciendo sus gestos y chocarrerías», se atrevió a decir:

—*A la gala, a la gala de mi amigo Diego Diego, que capitán aquí llevo, que nació en Extremadura, capitán de gran ventura, se alzará con el armada y te dejará sin nada, que es un macho muy varón, Diego escucha esta razón.*

Andrés de Duero, otro acompañante, alarmado al darse cuenta de la mala intención de aquellas palabras, exclamó:

—*Calla, borracho loco, no seas bellaco, que bien entendido tenemos que esas malicias, so color de gracias, no salen de ti.*

Pero, como sigue Bernal Díaz, «por más pescotazos que le dieron, Cervantes siguió con sus truhanerías porque le habían sobado las manos los enemigos de Cortés, y sus palabras produjeron honda impresión en el ánimo suspicaz y ya preocupado de Velázquez».

No fue esto lo único que llegó a oídos de Velázquez, en contra de Cortés, y aquél terminó por quitarle el mando de la flota, que entregó a un capitán, natural de Cáceres, llamado Vasco Porcallo. De todos modos, todavía tenían mucho que hablar y discutir Hernán Cortés y el gobernador.

Cortés a punto de zarpar

Diego Velázquez estaba dispuesto a llevar un juego doble. Por una parte, le ordenó a Cortés que saliese para el Yucatán con su flota, y por otra, y en secreto, envió recado a su cuñado, Francisco Verdugo, para que tratase de impedirlo. El no podía hacerlo claramente puesto que Cortés era quien había sufragado los gastos de la expedición proyectada.

Francisco Verdugo se hallaba en la Trinidad, de donde era alcalde mayor. Y cuando se enteró de las intenciones de su cuñado consideró que, conociendo a Hernán Cortés, nadie, ni él, ni Velázquez, ni el mismo Rey, lograrían que Cortés no partiese hacia el Yucatán.

Y efectivamente, las cosas no le salieron muy bien a Velázquez.

Así es como Bernal Díaz del Castillo refirió su entrevista con Cortés en el muelle de La Trinidad:

> —*Caballero, vos sois hombre elocuente y de mucho hablar; id por donde mejor os plazca y anunciad que zarparemos mañana, con la voluntad de Dios, para conquistar y poblar el Yucatán y llevar a los paganos la fe de Cristo. Y el que venga sólo a buscar oro y no a poblar, que se vaya a otra parte, que el oro se halla en la tierra, trabajándola. Y todo lo demás es*

codicia y latrocinio, que no place a Dios. Y ved si vos me decís algo sobre esto que pienso.

—Me parece muy puesto en razón eso que decís de trabajar la tierra, señor capitán —replicó Bernal Díaz—. Pero antes habréis de pelear y para ello se necesitan hombres que lleven el incentivo de las ganancias y del oro. Y todo lo que no sea es pensar en lo excusado.

Cortés quiso saber qué ganancias atraían a Bernal Díaz.

—Sin presunciones, señor capitán, a mí me atrae el amor de la aventura. Por eso estoy aquí. Lo mejor será que no sea yo quien predique a vuestros hombres. Dejádselo a Pedro de Alvarado que tiene buen olfato para escoger gentes de guerra. Y puede hacerlo a la misma hora de partir nuestra armada, porque son hombres que no llevan más que lo puesto: las armas. Poca hacienda y poco hato han de liar para embarcarse. Y cuanto con más tiempo se les advierta tanto peor, que después vuelven sobre ello y dicen que no quieren embarcarse. Los conozco. Por más que... pienso que su Excelencia el gobernador os había dicho que fueseis al Yucatán a buscar oro, y no a poblar.

—Pues si el gobernador dijo eso, mal me conoce. Hemos hablado de ello, pero... Diego Velázquez es caprichoso, y no sé quién será el cristiano que enviará al Yucatán para poblarlo. Pero ese moro con el que sueña se conquista entrando muy adentro del terreno y poblando, que todo lo demás es imposible.

—Señor capitán, creo que el gobernador no os quiere bien.

—Lo cual no me importa.

Más tarde, Cortés se reunió con Pedro de Alvarado y Juan de Escalante, los cuales tenían que acompañarle en la expedición, al mando de sendas carabelas, y entre los tres, a pesar de cierta oposición por parte de Alvarado, decidieron, para burlar los planes en contra de Diego Velázquez, partir de noche hacia el Yucatán.

La indignación de Velázquez

Cuando Diego Velázquez se enteró de que su cuñado, Francisco Verdugo, no se oponía a la partida de Cortés, y que incluso le estaba ayudando, les manifestó a Duero y Lares que Cortés le había engañado y que era un rebelde.

Mientras tanto, según Díaz del Castillo, Cortés le enviaba al gobernador «cartas escritas muy dulcemente», cartas que si caían en manos de alguien o iban a parar al Emperador, nadie podría decir que Cortés no respetaba la autoridad de Velázquez, pues le llamaba a cada línea, «Su Gracia» y le hablaba con el tono de un servidor fiel y leal. Pero tenía consigo la armada, que no pensaba entregar ni ceder a nadie.

Dicha armada estaba reunida en La Habana a fin de zarpar para la isla de Cozumel. Y a La Habana empezaron a llegar cartas irritadas de Diego Velázquez «que rugía de indignación».

También escribió a todos sus parientes de La Habana ordenándoles que evitasen a toda costa la salida de la expedición del «extremeño». Pero éste, con su simpatía natural, cautivaba a todo el mundo.

Para formar parte de la expedición, Cortés llevaba consigo a los capitanes Pedro de Alvarado, ya un poco conocedor del Yucatán, quien más tarde conquistó Guatemala, y también a Juan Velázquez de León, Cristóbal de Olid y Alonso Hernández de Portocarrero. Un capitán llamado Diego de Ordás tenía el encargo de vigilar a Cortés, pero éste también supo atraerlo a su partido. Y Ordás se embarcó y tomó parte en la expedición.

CAPÍTULO VI

LA PARTIDA

El 10 de febrero de 1519, la armada de Hernán Cortés zarpó de La Habana con rumbo a la isla de Cozumel. En conjunto, llevaba quinientos dieciocho soldados, treinta y dos ballesteros, trece escopeteros, ciento diez marineros, dieciséis jinetes, treinta y dos caballos, diez cañones de bronce y cuatro más ligeros, llamados «falconetti» o falconetes.

Cuando llegaron a la isla, Cortés quedóse asombrado al divisar a un «indio» que corría hacia ellos, medio desnudo, con barba hasta la cintura, y ¡de piel blanca! Le acompañaban otros de igual guisa.

Y el «indio», al ver al lado de Cortés a fray Bartolomé de Olmedo, se arrodilló y recabó su bendición, en buen castellano.

Aquellos «indios» eran españoles. Eran los desgraciados náufragos de la expedición de Diego de Nicuesa, que finalizó allí en 1511. Al ver a aquellos hombres tan desdichados, fray Bartolomé derramó copiosas lágrimas y Cortés ni se inmutó.

El náufrago se llamaba Jerónimo de Aguilar, y había aprendido ya la lengua de los indios maya, cuya civilización era muy desarrollada.

Aguilar, antaño, había estudiado para sacerdote y tenía las órdenes menores, aunque de nada le había servido el latín en aquella isla. En cambio, la lengua maya sería de gran utilidad a Cortés, y así, en adelante, Aguilar fue el intérprete de Cortés en aquellas misteriosas tierras.

Aguilar le informó a Cortés que al oeste de la isla vivía otro español, también náufrago, al que sería posible rescatar y agregar a la expedición. Y así fue. Luego, permanecieron poco tiempo en la isla de Cozumel, y zarparon para la península del Yucatán, llegando a la punta occidental de la misma, al lugar que la geografía designa hoy día como cabo Catoche. Allí hallaron a otro náufrago español, el cual le espetó a Aguilar:

—Tengo la piel tatuada y las orejas agujereadas como los indios de esta región. Ah, si así me viesen los españoles bien se iban a burlar de mí. ¡Además, tengo aquí tres hijos!

Y entonces surgió de la choza donde vivía el español una india que exclamó en lengua maya (esto lo relató Bernal Díaz más adelante):

—¡Vaya enhoramala ese esclavo que viene a llevarse a mi hombre! ¡Idos y no habléis más con él!

Aquel español se había nombrado cacique, o sea «pequeño gobernador de la aldea» y no quiso abandonar un cargo que le llenaba de orgullo.

La primera batalla en el Yucatán

Una vez desembarcados, no tardaron Cortés y los suyos en oír unos sonidos. ¡Eran unos tambores que tocaban casi como a rebato! ¡Los indios estaban cerca!

Y Cortés decidió esperarlos en la playa, donde, por ser un terreno descubierto, los indios no podrían tenderles trampas ni emboscadas.

Cuando se vio claro que los salvajes, si es que lo eran, se aprestaban a salir al encuentro de los expedicionarios, Cortés, para prever todas las eventualidades, mandó disponer una línea cubierta con flecheros y escopeteros, de hombres escalonados desde la playa a las naves, por si fuese preciso sacar los caballos.

Los indios, en efecto, llegaron al clarear el día, algo desconcertados. Cuando salieron a la playa y divisaron a los españoles, casi inmóviles, desconociendo que sus armas pudiesen ser más certeras y mortales que las suyas, atacaron en masa, en medio de un griterío ensordecedor. Cortés mandó entonces disparar a la vez toda la artillería, lo que abrió una brecha en la masa asaltante. Sin embargo, los indios no se amilanaron ni ante el rugir de los cañones, y continuaron atacando.

Aquella batalla duró varios días, pues los indios no cejaban en sus ataques repetidos continuamente, pese a la pérdida de vidas humanas de su bando.

Fue entonces cuando Cortés decidió sacar los caballos. Doce eran los jinetes, con sus caballos útiles para el ataque, en tanto que los demás eran de carga. Y entonces se produjo la primera victoria española en tierra firme: los doce caballos hicieron huir, aterrorizados, a muchos centenares de indios, que no habían visto jamás «unos monstruos semejantes». Sus resoplidos, sus corvetas, sus relinchos, eran, para ellos, algo diabólico, algo procedente de los dioses malignos.

El final de aquella batalla fue el 25 de marzo de 1519.

Los españoles, gracias a ello, pudieron adueñarse del territorio de Tabasco.

Los sacerdotes de la región se apresuraron a enviarle a Cortés muchos regalos, pidiendo la paz, y Cortés aprovechó la ocasión para ejecutar una estratagema. En la misma intervendrán decisivamente dos elementos: *el caballo y las armas de fuego.*

El primero va a ser el animal por antonomasia de la conquista, el propio Cortés escribirá: «no teníamos después de Dios otra seguridad que la de los propios caballos». Los primeros caballos habían pasado a Indias en el segundo viaje del Almirante, pero eran de escasa calidad porque al pobre

Colón los mozos granadinos le habían dado el «cambiazo» enseñándole primero unos valiosos alazanes y una vez hecho el embarque fueron cambiados por unos míseros jamelgos.

La raza caballar hispano-árabe era muy apreciada en las Cortes europeas llegando a ponderarse la belleza de un equino con el simple epíteto: «parece español». Estos fueron los animales que paralelamente a contribuir a las victorias españolas en Europa durante siglo y medio fueron transportados a América para servir en su conquista como factor bélico decisivo.

Tal como nos narran los historiadores de Indias, en los primeros contactos con el indio éstos creyeron que caballo y caballero eran una sola pieza, un nuevo centauro moderno. El propio inca Garcilaso manifestará que su tierra «se ganó a la gineta» (forma de montar a la usanza mora).

Pasado el primer momento de sorpresa los indios utilizaron contra los caballos diversas trampas y armas. Después lo dominó y utilizó tan eficazmente como el español, haciéndose su amigo. Los historiadores conservan el nombre de los caballos más destacados en general pertenecientes a los capitanes de la conquista: el *Romo,* el *Motilla* y el *Corbés* de Hernán Cortés; el *Villano,* el *Zainillo* y el *Salinillas* de Gonzalo Pizarro, etcétera.

El historiador Sahagún recoge una visión indígena del caballo:

«Vienen los ciervos que traen en sus lomos a los hombres, con sus cotas de algodón, con sus escudos de cuero, con sus lanzas de hierro. Sus espadas penden del cuello de sus ciervos... Éstos tienen cascabeles que producen un gran estrépito. Esos ciervos bufan, braman. Sudan a mares: Como agua de ellos destila el sudor. Y la espuma de sus hocicos cae al suelo goteando es como agua enjabonada: gotas gordas se derraman... Cuando corren hacen estrépito, hacen estruendo, se siente el ruido como si en el suelo cayeran piedras. Luego la tierra se agujerea y llena de hoyos en donde ellos pusieron su pata...»

En las islas descubiertas por Colón los españoles supieron por los indios de unas tierras ricas que estaban por descubrir.

45

Nos imaginamos al indio en cuclillas o encorvado observando con ojos de asombro la huella del caballo en el barro que pronto se llenaría de agua tropical transformándola en un espejo en el que el indio reflejaba también su cara de asombro.

El inca Garcilaso explicará por su parte que el asombro del indio culminará cuando oiga relinchar al caballo y en su imaginación creerá sin duda que es el lenguaje intermediario entre los hombres una vez hubieran comprobado que caballo y caballero podían montarse y desmontarse a voluntad. Los creerán carnívoros y les ofrecerán las más variadas aves de corral como ofrendas. Los españoles explotarán con agudeza esta ignorancia advirtiendo a los indígenas que les habían de ofrecer muchas y buenas viandas para que así estuvieran contentos y no los devoraran a ellos.

Con las armas de fuego, aunque primero escasas y en aquella época todavía muy rudimentarias, sucederá otro tanto. La reacción psicológica del indígena será más fuerte que el daño real que podían hacer*.

---

* Para mayor información, véase VV.AA.: *Gran Enciclopedia de España y América,* 10 vols., Espasa Calpe, Madrid 1984.

CAPÍTULO VII

LA ESTRATAGEMA DE CORTÉS

Poco después de la rendición, o mejor, de la huida de los indios, una comisión de ellos volvió hacia donde estaban Cortés y sus hombres.

Los españoles estaban curando a sus heridos, y al ver que los indios pedían la paz, todos lanzaron gritos de alegría y, como era costumbre en aquellos tiempos, dieron gracias a Dios.

Bernal Díaz, de quien hemos extraído el relato que sigue, tenía una flecha clavada en un muslo. Entonces resonó un toque de tambores, como convocando a una conferencia. Se adelantaron dos personajes de elevada estatura, con grandes plumas y el rostro tatuado. Otro indio, herido, les indicó con el gesto a Cortés y el grupo formado por Olid y otros capitanes. Los dignatarios indios avanzaron y saludaron a Cortés, pero retrocedieron al oír relinchar a los caballos.

Cortés, temiendo que se estropease la entrevista, dio comienzo a una de sus estratagemas en las que era muy ducho, y yendo hacia los caballos empezó a hacer una serie de gestos muy raros, como de súplica e invocación. Luego, se acercó al sitio donde estaban emplazados los cañones y fingió rezar ante ellos.

—*¿Acaso está loco nuestro capitán general?* —*preguntó Bernal Díaz, al ver tan extraña pantomima.*

Cristóbal de Olid se echó a reír. Aguilar seguía a Cortés e imitaba todos sus ademanes. La pantomima duró casi quince minutos. Los jefes indios lo contemplaban con rostro grave. Después, Cortés se acercó al que parecía el jefe de los indios y le abrazó cariñosamente. Entonces, Cortés habló y Aguilar tradujo sus palabras en lengua tabasqueña:

—*¡Ilustres señores! Mi capitán, Hernán Cortés, que llega a esta tierra en nombre de nuestro rey, el amadísimo Carlos de Castilla, emperador del mundo, desea comunicaros grandes cosas, mas antes os advierte que los espíritus de los animales blancos y de los bronces que vomitan fuego están muy enojados. Nuestro capitán les ha rogado que se pacifiquen, pero es posible que tarden mucho en aplacarse. Ya sabéis, porque sois sabios y además principales en vuestra tierra, que los hombres no siempre pueden dominar a los espíritus. Unas veces les hacen caso y otras no. Tal vez los hierros que vomitan fuego y los animales blancos adivinen que lleváis malas intenciones. Pero nosotros confiamos en vosotros y pensamos que no habéis venido con lengua de serpiente, sino como amigos. Cuando los animales blancos y los bronces que rugen hayan visto por vuestras obras que sois nuestros amigos, habrá pasado todo peligro para vosotros.*

Al oír esto, el gran jefe y el gran sacerdote se consultaron entre sí y contestaron a Aguilar, quien tradujo lo siguiente:

—*Dicen que están dispuestos a hacer la paz con Hernán Cortés y con nuestro emperador, pero antes quieren testimoniar personalmente su reverencia a los bronces que vomitan fuego y a los animales blancos.*
—*Pueden hacerlo y además me complaceré mucho en ello* —asintió Cortés.

Aguilar les invitó a reverenciar a los cañones y a los caballos, pero un indio que lucía un gran plumero y tenía un ros-

48

tro muy astuto, se aproximó al gran sacerdote y le murmuró algo al oído. A continuación, el gran sacerdote habló de nuevo para Aguilar, y éste volvió a traducir.

—*Un consejero del gran jefe de Tabasco ha dicho: «Pregunta a tu capitán por qué reía aquel guerrero cuando ha visto que el capitán reverenciaba y oraba ante los animales blancos y las bocas que vomitan fuego.»*

Cortés comprendió que Olid, con su risa extempórea, estaba a punto de hacer sospechar a los indios y procuró enmendar el yerro, diciendo:

—*Diles, Aguilar, que nuestro guerrero fue herido una vez a traición por uno de los animales blancos, mordiéndole en el hombro. Por eso no los ama. Por eso peleó a pie, sin montar animal blanco alguno, y por eso no se ha acercado a las bocas del fuego.*

Una vez aclarado todo, los notables de la tribu avanzaron, aunque con algún recelo, para rendir pleitesía a caballos y cañones. Y aunque alguno de los animales relinchó, el gran sacerdote, tranquilizado por las palabras de Hernán Cortés, trató de no asustarse visiblemente.

Pero los indios no eran tontos, aunque fuesen salvajes. Y el personaje que había hablado con el gran sacerdote, volvió a insistir y Aguilar fue a comunicarle a Cortés:

—*Capitán, vuestra industria de los espíritus de los caballos y los cañones no ha sido creída por todos. Os aconsejo que si no queréis que haya de nuevo guerra, dominéis pronto estas tierras, asegurándolas bien de centinelas y que empiece pronto el bautismo de toda esta gente, pues no parecen cortos de mollera.*

Sin embargo, los indios se retiraron y al poco tiempo llegaron con abundantes ofrendas. Cortés aceptó los presentes, pero exigió de los caciques otras pruebas de paz. La primera exigía que al cabo de dos días hicieran regresar a sus hogares a sus mujeres e hijos, los cuales habían sido llevados al campo. La segunda prueba fue que renunciasen a sus ritos y fuesen a orar ante un altar de la Virgen.

El día en que se celebraba el Domingo de Ramos, Cortés hizo que los indios asistiesen, con sus mujeres, a una ceremonia religiosa durante la cual los indígenas vieron cómo aquellos hombres que les habían derrotado se arrodillaban ante la imagen de una mujer con un niño en brazos.

Salvador de Madariaga, en su obra tantas veces citada, destacará el asombro de los indígenas acostumbrados a identificar cualquier ceremonia de culto con la más espantosa de las hecatombes humanas. ¿Cómo era posible que aquellos seres robustos y barbudos, dotados de una resistencia sin igual en el combate de pelear fiero, pero inferiores en número, se mostraran ahora tan mansos besando humildemente un pobre madero y llevando en la diestra, no la espada, sino un ramo simbólico de paz, recién cortado de un árbol?

El conquistador español fue un hombre de su tiempo con temperamentos diversos, valiente, codicioso de las mujeres indias y del oro, afanoso de ganar fama y honra, individualista y altivo, pero por encima de todo, fueron religiosos por convicción, siempre animados por un doble propósito: «el servicio de Dios y de su majestad».

Las disposiciones testamentarias lo prueban, pues ofrecen una lección teológica de contrición y de cómo ganar con el dolor y el arrepentimiento la esperanza del perdón y de la paz eterna. Hay excepciones, desde luego, como un Lope de Aguirre, rebelde entre los rebeldes, pero, en general, dejan la mayor parte de su fortuna para vestir indios, para abonar a un sacerdote que los adoctrine, para decir misas por la evangelización, para reintegrar tributos cobrados en demasía, para fundar un hospital y así sanear su alma y su conciencia.

Cierto que en ocasiones se muestran brutales, sedientos de oro o de venganza, pero a poco que reflexionen conmovidos por una prédica por ejemplo, reconocen su condición de grandes pecadores y aflora en ellos su profundo sentimiento religioso. Su fe a «macha martillo» que diría Menéndez Pelayo les llevó a destruir, a veces con saña, a los ídolos indígenas para entronizar la que ellos creían única y verdadera doctrina.

CAPÍTULO VIII

LA POSESIÓN DEL TERRITORIO

Cortés se apresuró a tomar posesión de aquellos terrenos, no muy feraces en verdad, y mandó edificar junto a la costa la fortaleza de Vera Cruz, fundamento de la ciudad de este nombre, enarbolando en ella su estandarte negro, cruzado de rojo.

Establecido ya de forma definitiva, envió algunos corredores indios a la próxima ciudad de Zempoala para notificar a su cacique la llegada de los expedicionarios y el deseo de los mismos de entrar con él en relaciones de buena amistad y concordia.

No aguardó Cortés la vuelta de sus emisarios, y al día siguiente se puso en marcha llevando consigo un destacamento de cuarenta soldados, de la flor y nata de su tropa, y todos los jinetes armados hasta los dientes, en previsión de un posible ataque por parte de los nativos del país.

Sin embargo, no hubo necesidad de emplear la violencia.

El cacique de Zempoala se adelantó a recibir a los que llegaban, y una vez en presencia de Cortés se arrodilló ante él y lo mismo hizo su séquito, numeroso y brillante, pues los indios ostentaban sus mejores galas, plumas, mantos de variados colores y matices, collares de perlas y corales, pulseras de oro y ajorcas en muñecas y tobillos, con pesados pendientes en las orejas, también de oro.

Tratados cariñosamente por Cortés y los suyos, a quienes los indígenas tomaban por divinidades, acompañaron a éstos a la ciudad.

Los zempoaleses alfombraron las calles con finas esterillas de variados colores, sobre las que desparramaron profusión de flores de todas clases.

La muchedumbre se apretujaba en calles y plazoletas para ver a la comitiva, y las aclamaciones y los gestos se sucedían sin interrupción. Una música primitiva, con tamboriles, flautas de caña y caracolas de mar, no cesó de hacer ruido y añadir más algarabía a la ya existente.

En la casa del cacique, toda de piedra que, aunque de aspecto modesto, se distinguía de las demás por su tamaño y sus adornos, se sirvió a los españoles un ágape, tras el cual procedió Cortés a tomar posesión de la ciudad en nombre del rey de España, al que juraron sumisión y vasallaje los nativos por boca de su cacique.

Este extremó hacia Hernán Cortés los deberes de la hospitalidad y le hizo grandes regalos, entre ellos algunas calabazas repletas de polvo de oro, telas de fino algodón y delicado tejido, y abundancia de frutos, añadiendo, galantemente, veinte indias jóvenes que ofreció como esclavas al conquistador, para su servicio.

Doña Marina

Entre aquellas veinte jovencitas había algunas muy bellas, pero ninguna tanto como la hija del poderoso cacique de Painalla. Dicha joven se llamaba Malinche o Malintzin, que en su lengua significaba Flor Marina, pero después de ser bautizada como lo fue, adoptó sólo el nombre de Marina, o doña Marina, como la nombraban todos.

Bernal Díaz que, naturalmente, la conoció, dijo de ella:

> *Era una joven de estirpe noble, del pueblo de Painalla. Sus padres eran señores feudales (caciques) de aquella comarca y les estaban sometidas bastantes poblaciones vecinas. El padre de Malintzin murió siendo ella muy pequeña y la madre, vuelta a*

54

*casar, vendió su hijita a unos indios de Chicalango,
porque ella había tenido otro hijo de su segundo
matrimonio y lo prefería. La dio a los indios una
noche, para que no la viesen, e hizo correr la voz de
que había muerto. Los de Chicalango la entregaron
a los de Tabasco, y éstos, como ya se sabe, a Cortés.*

*Más tarde, esa madre desnaturalizada, y su hijo,
fueron bautizados por los españoles y a ella la llamaron Marta, y a su hijo Lázaro.*

Marina debía ser un instrumento poderoso en la caída de
Moctezuma.

El afortunado Capitán no rechazó ninguno de los obsequios, pero regresó a Veracruz satisfecho y contento por el
buen éxito de lo ocurrido en Zempoala, llevando solamente
consigo a Marina, pretextando que dejaba las otras esclavas
en depósito, para que allí tuviesen cómodo y apropiado alo-
jamiento.

Marina contaba a la sazón dieciocho años, y era de cutis
finísimo y mate, facciones muy correctas, más grandes que
pequeñas, ojos de color azul claro y vivos, que contrastaban
fuertemente con el color de su piel, moreno, y con el negro
y lacio de su cabello.

Era de esperar que aquella especie de cautiverio apesa-
dumbrase a la hermosa india, pero ésta no dio muestras de
pesar, sino que, resignada y tranquila se dejó conducir pasi-
vamente por su señor, con la misma indiferencia con que hasta
entonces había visto transcurrir su desdichada existencia.

Y Cortés, que en Cuba había casado con Catalina Juárez,
no tuvo el menor inconveniente en tener un hijo con doña
Marina.

Según la visión de los «conquistados», al indio le impre-
sionó de los españoles además de su afán de oro y riquezas
la codicia de mujeres indígenas, y aunque le alborotó el des-
pojo de sus mujeres y de sus hijas, lo mismo que le agravió
la selección que hicieron de las más jóvenes y hermosas, no

le escandalizaron la poligamia y el concubinato puesto que para ellos no constituía novedad. Además, las mujeres indígenas sintieron especial atracción por el conquistador, y los mismos padres entregaban gustosamente a sus hijas deseando emparentar con los seres divinos y adquirir el valor de ellos en una descendencia común. Dar mujeres como regalo fue algo normal sin que ello no fuera obstáculo para que les molestase la selección.

El mestizaje constituiría así un elemento de primer orden en la futura demografía indiana espoleado por la carencia de perjuicios raciales de los españoles acostumbrados a convivir con moros y judíos así como la escasez de mujeres blancas entre los conquistadores y primeros pobladores. A diferencia de la colonización sajona que en general se trasladó con toda la familia, a las pocas mujeres españolas que lo hicieron les sentó muy mal el clima de los trópicos y los Andes y muchas fallecieron. Por otra parte, si el indio se sintió honrado de lograr emparentar con los recién llegados, el régimen matriarcal existente en algunos lugares convertía a las mujeres cacicas de las comunidades indígenas en buenos partidos para los españoles que no dudaron en casarse o unirse a ellas.

La legislación hispana fomentó los casamientos interraciales, si bien los mestizos procedieron mayoritariamente de uniones persistentes y con relieve familiar y social, aunque fuera del matrimonio religioso. La madre, tratada con frecuencia como compañera, se la dotaba y los frutos de su unión eran reconocidos por el padre. Así, pues, la importancia del mestizo fue fundamental desde el punto de vista demográfico y también social. Surgieron así las castas que tan expresivamente nos muestra las escenas familiares en el Museo de América de Madrid: español, castizo, mulato, morisco, albino, etcétera.

Hernán Cortés empleó la fortuna que había amasado en Cuba para preparar la expedición al Yucatán.

CAPÍTULO IX

EN SAN JUAN DE ULÚA

Cuenta Bernal Díaz que el Jueves Santo de 1519 llegaron los españoles de Cortés, con toda su armada, a San Juan de Ulúa. Un piloto llamado Alaminos conocía ya aquellos parajes por haber formado parte de la precursora expedición de Juan de Grijalba. Los indios destacaron dos canoas que se acercaron a las naves españolas.

Al aproximarse preguntaron quién era el «tlatoan» (jefe) que los mandaba. Doña Marina, que era la única de la expedición que entendía la lengua de los indígenas, les señaló a Hernán Cortés.

Entonces, los naturales le saludaron en nombre de Moctezuma, pero lo cierto es que antes de que Cortés conociese personalmente a Moctezuma habían de suceder muchas cosas. Los españoles se hallaban en la costa y el «jefe de hombres», Moctezuma el Joven («Xocoyotzin») estaba todavía a muchas leguas tierra adentro, en la capital de la vasta confederación azteca, en la ciudad de Tenochtitlán, sobre la laguna de Mexitli.

Sin embargo, aquellos indígenas hablaron ya a Cortés en nombre de Moctezuma, como Cortés les hablaba a ellos en nombre de Carlos V. Los emisarios le traían regalos del emperador azteca, a lo que Cortés respondió con otros regalos de parte de su soberano, regalos que en realidad carecían de todo valor, por tratarse de baratijas.

En los obsequios de tales emisarios, los españoles creyeron empezar a ver sus fabulosas riquezas, porque le entregaron a Cortés un casco lleno de pepitas de oro, lo cual prometía grandes esperanzas.

A pesar de toda la diplomacia desempeñada por unos y otros, Cortés y los indígenas no acababan de ponerse de acuerdo acerca de cuándo y dónde podría entrevistarse Cortés con Moctezuma. Y al día siguiente, Viernes Santo, los españoles desembarcaron la artillería, por si acaso.

Al fin, tras muchas idas y venidas y muchas conferencias, los indios se retiraron sin haberse concretado nada.

Cortés empezó a preocuparse. Se hallaban en una tierra estéril, y empezaban a escasear los víveres.

Ante este estado de cosas, y sin contar con sus capitanes, Cortés, que había recibido una embajada del pueblo de Zempoala, se enteró de que éstos eran enemigos de Moctezuma, o sea que los totonacos, o habitantes de aquella región, eran enemigos de los mexicanos, a los que gobernaba Moctezuma. Y Cortés pactó con los primeros, en contra del emperador mexicano.

Cuando los españoles se enteraron de ese pacto no supieron si vitorear a Cortés o apedrearle.

CAPÍTULO X

HERNÁN CORTÉS, DIOS QUETZALCOATL

El historiador Carlos Pereyra resumió, en su biografía de Hernán Cortés, los rumores que corrían por la corte del emperador de México ante la llegada de los españoles.

Un señor feudal, indígena de Tezcuco, llamado Netzahualpili, se presentó ante Moctezuma y le espetó estas palabras:

—Poderosísimo señor, bien quisiera no inquietar tu ánimo, pero el deseo de servirte, a ello me obliga. Presiento que dentro de muy pocos años (esta profecía se da bastante tiempo antes de la llegada de Hernán Cortés) *nuestras ciudades serán destruidas, nosotros y nuestros hijos muertos y nuestros vasallos esclavizados. No dudes de mis palabras. Para que veas que me asiste la razón, si alguna vez guerreas contra los huejotcincas, los tlascaltecas o los cholultecas, jamás lograrás vencerlos. Y antes de muchos días, verás en el cielo señales de mi profecía. No te asustes, porque no es posible huir de lo que ha de ser fatalmente. A mí me consuela pensar que moriré antes de que tengan lugar estas calamidades.*

Moctezuma estaba en aquellos momentos en guerra con sus vecinos federales y las operaciones militares no iban bien. Se decía que el sacerdote del dios Huitzilopochtli vio una noche un cometa, el cual pasó de nuevo a la noche siguiente, dejando aterrado al rey, quien todavía quedó más asombrado cuando sus astrólogos dijeron que no habían visto nada. Irritado Moctezuma, creyendo que aquéllos le engañaban, mandó encerrarlos en unos calabozos donde los dejó morir de hambre.

Las leyendas indígenas añaden que, a partir de entonces, Moctezuma se volvió más cruel, mandando también matar de hambre en un calabozo a un labrador que le relató otra profecía.

Se dice que el emperador rehuyó todo trato con la gente, llegando a refugiarse en un desierto, rodeado sólo de sus bufones y enanos, de los que había muchos en su corte.

Estas leyendas sobre Moctezuma podrían haber sido inventadas por los españoles, particularmente la del cometa, semejante a los «prodigios» que se leen en Suetonio y Tito Livio.

Pero las leyendas se obstinan en describir a Moctezuma como un ser sanguinario y cruel. Se dice que mandó desollar vivos a diez hombres e hizo que le trajesen sus pieles. También llegó a matar a sus mujeres y sus hijos.

Cuando Moctezuma se enteró de la llegada de los españoles, aún sin saber quiénes eran, pidió que sus mensajeros pintaran en tablas o lienzos cómo eran aquellos hombres blancos, provistos de larga barba, y preguntó si entre los jeroglíficos de sus antepasados había alguna figura semejante a la de aquellos seres.

La leyenda de los Consejos

También se dice que, ante el hecho del desembarco de los españoles, el emperador de México hizo vigilar la costa por dos agentes, llamado uno Teutile, al que Bernal Díaz llama Tendile, y otro cuyo nombre era, al parecer, Cuitlalpitoc, y que los castellanos, más simplistas, llamaron «Pitalpitoque».

Mientras los dos agentes vigilaban las costas y trataban de dar largas a Hernán Cortés mediante diplomacia y obsequios para que no se aproximara a la capital, Moctezuma celebró en su palacio un gran Consejo.

> —*Yo creo, gran señor* —*dijo el hermano del emperador, Cuitlahuac*—, *que no debemos meter en casa a quien puede echarnos de ella.*
> —*Yo opino que si vuestra alteza* —*intervino otro consejero*— *no admite la embajada de ese tan alto señor, todo el Imperio se verá deshonrado, pues los príncipes tienen la obligación de recibir a los embajadores. Si esa nueva gente trae intentos de crueldades y tiranías, es más acertado recibirla que impedirle el paso, porque los extranjeros creerán que vos, gran señor, tenéis miedo.*

Pero Moctezuma estaba casi convencido de que los recién llegados venían comandados por el propio Quetzalcoatl. Y, si bien por una parte se alegraba de que fuera el dios azteca el que retornaba, por otra parte tenía miedo de que así sucediese.

En realidad, su vacilación y su flaqueza ante Hernán Cortés fueron debidas a esta contradicción que le mantenía sumido en dudas.

Así, ante la llegada de los españoles, ordenó preparar comida en abundancia y les indicó a sus mensajeros:

> —*Si veis que se comen todo esto es que ciertamente es el que estamos aguardando. Pero si no quieren comerlo, entonces conoceremos que no es él. Y si quiere carne humana y se os come, mucho mejor.*

Esto lo cuenta el cronista Tezozomoc, y añade que uno de los mensajeros recibió orden de llevarse consigo a Cuitlalpitoc para ver si los recién llegados se lo comían. Esto, en verdad, concuerda con lo dicho anteriormente sobre el hombre al que los españoles llamaron Pitalpitoque, que estuvo vigilando la llegada de los españoles.

Sin embargo, según cuenta la historia, en realidad, la identidad real y efectiva de Cortés no llegó nunca a aclararse del todo para los mexicanos, y menos para Moctezuma.

El mito de Quetzalcoatl o Serpiente Emplumada, dice así: En fecha indeterminada el dios del viento Quetzalcoatl había arribado a la tierra de los aztecas procedente de un misterioso país. Bienhechor, había tomado la figura de un hombre afable, de aspecto grave, blanco y barbudo; su vestido era una túnica larga. Instauró en el reino azteca los vicios y pecados, dándoles sabia y buena doctrina y para purificarlos les constituyó el ayuno, y como divinidad excepcional prohibió los sacrificios humanos en estos parajes.

Pero viendo el poco fruto que hacían con su doctrina, se volvió por la misma parte de donde había venido, que fue la de oriente, desapareciendo por la costa de Coatzacoalco, y al tiempo que se fue despidiendo de estas gentes, les dijo que en los tiempos venideros, en un año que se llamaría Ceacatl (1-Cañas) volvería y entonces su doctrina sería recibida y sus hijos serían señores y poseerían la tierra; y que ellos y sus descendientes pasarían muchas calamidades y persecuciones.

Otra versión del mito refería que envidioso el dios Tezcatlipoca de las hazañas de Quetzalcoatl, descendió del cielo, valiéndose de un hilo de araña, y con engaños hizo que el dios bienhechor bebiera un filtro mágico que le llenó de profunda tristeza, recordándole su antigua patria más allá de los mares, por donde sale el Sol, e inculcándole el deseo de volver a ella, de tal forma que Quetzalcoatl abandonó aquellos parajes a su rival, después de destruir sus fabulosos palacios, cortar los árboles frutales y llevarse los preciosos pájaros y aves de su séquito. Por esta causa el país quedó pobre y sin alegría.

Por los lugares donde pasaba el dios bienhechor, seguía enseñando los rudimentos de la civilización. En Cholula, sus habitantes construyeron en su honor una pirámide escalonada. Por fin arribó a orillas del mar. Con numerosas culebras entrelazadas se fabricó una balsa en la que embarcó rumbo a su lejanísima patria, no sin antes haber dejado la promesa de regreso.

Las señales parecían concordar en que había llegado el tiempo indicado, por eso Moctezuma se hallaba alerta ante los presagios que anunciaban el cumplimiento de la para él fatídica profecía. Al parecer os hombres que habían desembarcado y se dirigían a sus dominios eran blancos y barbudos, algunos de ellos parecían centauros que se desdoblaban a voluntad y otros poseían el secreto del dominio del rayo y el relámpago... ¿Cuál había de ser su actitud...?

CAPÍTULO XI

CORTÉS QUEMA SUS NAVES

Intereses opuestos

Por aquel entonces, llegó de Cuba Francisco de Saucedo, acompañado de diez soldados, en una carabela, con la noticia de que Velázquez acababa de recibir plenos poderes del emperador Carlos I para descubrir y colonizar las tierras en las que se encontraba ya Cortés.

Por consiguiente, éste debía apresurarse a demostrarle al monarca que él, Cortés, era el verdadero conquistador, mientras que Velázquez no debía tomar parte en la gloria de la conquista de las tierras mexicanas.

Velázquez, por su parte, se sentía defraudado, a pesar de los papeles del rey. Porque, en realidad, era Cortés quien llevaba a cabo aquella conquista.

Los dos personajes se temían, y cada uno tenía en su mano un buen triunfo que jugar: Velázquez, los documentos reales, y Cortés, sus soldados convertidos en héroes.

Cortés, además, enviaba emisarios a la corte española, con ricos presentes: oro, joyas, entre las cuales había una piedra preciosa enorme, la mayor que se había visto nunca. Velázquez tenía amigos influyentes, pero Cortés tenía los hechos a su favor. Por otro lado, los emisarios de Cortés cerca de Carlos I eran Alonso Hernández de Portocarrero y Francisco de Montejo.

Hubo cierta agitación y Cortés se vio obligado a hacer un escarmiento, ahorcando a dos y mandando azotar a un tercero menos culpable.

Destrucción de las naves

Se llama hoy todavía «quemar las naves» al acto de romper relaciones con alguien sin posibilidad de volverse atrás. O bien tomar una decisión irremediable. Es una frase que ha quedado, podríamos decir, en el repertorio popular, lo mismo que ha quedado la de «pasar el Rubicón», recordando a Julio César.

Muchos son los pintores que han representado este paso trascendental dado por Hernán Cortés en México, pero lo cierto es que en la realidad, el incendio no fue tal. Bernal Díaz cuenta, por ejemplo, que «dio con ellas al traste», o sea que las hundió o hizo hundir. Por lo visto, si todo iba mal, pensaba recuperarlas.

Según el biógrafo de Cortés, Madariaga, lo que ocurrió, y cuenta que éste dijo seguir el relato de Bernal Díaz del Castillo, fiel cronista de toda la epopeya mexicana como testigo presencial, fue lo siguiente:

«... Un tal Bernardino de Coria vino a ver a Cortés y con mucho temor le confesó que quería retractarse de una conspiración formada por un grupo de velazquistas para robarle un navío y volverse a Cuba donde informarían al Gobernador de los hechos de Cortés y del envío directo a España de los procuradores (enviados por Velázquez para averiguar cómo andaban las cosas en las nuevas tierras conquistadas) y del tesoro.

»No poco asombrado quedó Cortés al oír que los conspiradores tenían todo a punto para hacerse a la vela aquella misma noche. Coria le entregó una lista de los culpables, de los que Cortés se apoderó al momento, dando inmediatamente órdenes para que se desembarcase del barco robado todo el aparejo de navegar. Esta vez el castigo fue rápido y severo. Escudero y Cermeño, que al parecer habían sido los cabecillas, murieron en la horca. Escudero era un alguacil que se había apoderado de Cortés en la ocasión en que cuando, al

Después de unas breves escaramuzas los indios se rindieron a Hernán Cortés cuando desembarcó en el Yucatán.

69

señuelo de doña Catalina, salió del asilo sagrado en los días de su juventud; y Cermeño, dice Torquemada, «era hombre tan ligero que con una lanza en la mano, saltaba sobre otra, levantada con las manos de los hombres más altos que había en el ejército; y tenía tan vivo el olfato que, andando por la mar, olía la tierra quince leguas y más», y añade: "aunque no olió esta muerte". A un piloto, llamado Umbría, Cortés le hizo cortar los pies y azotar por dos marineros.

»Habida cuenta de la disciplina militar y de sus castigos, no ya en aquellos días sino hasta hace cien años, las medidas de Cortés resultan más bien suaves que severas; todos los autores coinciden en que hizo la vista gorda para con otros culpables «de más cualidad, con quien por el tiempo que corría no pudo Cortés dejar de disimular», entre ellos el clérigo Juan Díaz. Este es uno de los casos en que Cortés, todo considerado, se mostró capaz de una moderación ejemplar en el uso de la fuerza.

»Pero aún moderado, este acto de autoridad no parece haberle sido fácil. Apenas hubo firmado las sentencias de muerte "con grandes sospiros y sentimientos", salió al galope para Zempoala dando órdenes de que le siguiesen doscientos soldados; no está claro si fue para hacerse inaccesible en la hora de la clemencia o por otras causas. Pero como además había dado instrucciones a Alvarado para que saliese a una algarada con otros doscientos soldados y volviese no a Veracruz sino a Zempoala, es evidente que deseaba dejar en Veracruz el menor número posible de gente, como máximo, con unas ochenta personas.

»Parece, pues, que calculó con gran cuidado esta operación, pues se acercaba el momento de poner en práctica su decisión de dar al través con los navíos, lo que le sería mucho más fácil cuando toda la gente se hallase tierra adentro.

»En efecto, había llegado el momento culminante de este hombre heroico. No en vano ha hecho el mundo entero de este acto suyo el símbolo de la decisión que un hombre toma de dominar la suerte, transfigurándolo además de un modo legendario al hacer que Cortés quemase sus naves.

»Había concebido el propósito de apoderarse del Imperio de Moctezuma. Pocos días antes, escribía al Emperador:

> *En la otra relación dije a Vuestra Majestad que confiando en la grandeza de Dios y con esfuerzo del real nombre de Vuestra Alteza pensaba ir a ver a Moctezuma doquiera que estuviese; y aún me acuerdo que me ofrecí, en cuanto a la demanda de este señor, a mucho más de lo a mí posible, porque certifiqué a Vuestra Alteza que lo haría preso o muerto o súbdito a la corona de Vuestra Majestad.*

»A esto estaba decidido él. Pero, ¿y sus tropas? Aunque castigada, la facción velazquista seguía con su querencia hacia sus granjas y sus mujeres en Cuba, y había entre los soldados muchos que pensaban ser locura meterse a conquistar un imperio rico, tan desarrollado y de tanta razón y artificio, con sólo quinientos hombres.

»La idea de verse un día «cebados en la caponera» para la mesa de Moctezuma, como habían visto a tantos otros prisioneros cebados para mesas menores, hacía más hondas e intensas las objeciones de estos elementos tibios del ejército.

»Tales eran los pensamientos que bullían en la mente de Cortés al tiempo del alzamiento de Escudero. Un capitán menos esforzado hubiera visto en este alzamiento la señal del peligro en su camino y preparado por consiguiente el retorno de la armada; pero Cortés no vio en ello más que un nuevo aguijón para estimularle en su atrevida decisión.

> *"Y porque además de los que, por ser criados y amigos de Diego Velázquez, tenían voluntad de salir de la tierra, había otros que, por verla tan grande y de tanta gente, y tal, y ver los pocos españoles que éramos, estaban del mismo propósito; creyendo*

71

que si allí los navíos dejase, se me alzarían con ellos,
y yéndose todos los que de esta voluntad estaban, yo
quedaría casi solo (...) tuve manera cómo, so color
que los dichos navíos no estaban para navegar, los
eché a la costa; por donde todos perdieron la espe-
ranza de salir de la tierra, y yo hice mi camino más
seguro; y sin sospecha que, vueltas las espaldas, no
había de faltarme la gente que yo en la villa había
de dejar."

»"Tuve manera", dice el mismo Cortés. Fue en efecto una labor llevada a cabo en su estilo inconfundible, con aquella mezcla de audacia y astucia que le era tan peculiar, comenzada con maniobras soterradas y tortuosas para terminarla a plena luz, pecho al obstáculo con la victoria del espíritu.

»Para reconstituir el cuadro completo de lo ocurrido hay que combinar los elementos que proceden de Cortés y de sus cronistas por una parte, y por la otra los que aporta Bernal Díaz.

»Cortés inició la maniobra induciendo a algunos de sus amigos a que le propusieran en público que sería mejor deshacerse de los navíos a fin de poder echar mano en tierra del centenar de marineros que nada hacían en el puerto. Esta idea surgió, pues, como encanto en un corro que rodeaba a Cortés en Zempoala.

»A unos les pareció mal, otros observaron que así terminarían de una vez las intrigas y las conspiraciones de los que querían retornar a Cuba. Así preparado el terreno, Cortés llamó a los pilotos y con gran sigilo, prometiéndoles mares y montes y dándoles oro, terminó por medio convencerles y obligarles a que tomasen la responsabilidad de dar al través con los navíos.

»Los pilotos barrenaron los barcos y vinieron a informar a Cortés de que ya no servían para navegar por estar tomados de broma. Cortés puso una cara muy triste, echó una ojeada circular a los compañeros que se hallaban presentes cuando se le anunció la noticia que él en secreto deseaba.

»En cuanto al instinto popular dio con esta solución y uno de los soldados la propuso en el corro. Cortés, siempre fiel a sus sentimientos democráticos, se avino a la opinión general. Juan de Escalante salió para Veracruz con orden de desembarcar todo lo que los cascos tuvieran de útil y, una vez vacíos, dar al través con ellos.

»Pero en este punto, Cortés o Escalante cometieron un error de táctica. Ya fuese por razones técnicas, que de ser así no son conocidas, ya por esa especie de resistencia a la destrucción que vive oculta en el hombre sano, dieron al través con cinco de los diez navíos. La gente vio en ello una calamidad inevitable. Pero cuando a los pocos días vieron echar a la costa cuatro navíos más, hubo gran emoción entre la gente. Hubo rumores de motín y, de creer a Las Casas, hasta vientos de muerte.

»Con su previsión habitual, Cortés se había dado cuenta de este riesgo. Aquella mañana reunió a sus hombres, y les dirigió la palabra con aquella elocuencia sencilla pero elegante y eficaz que tantas veces provocó la admiración, aun al propio Bernal Díaz.

»Lejos de rehuir la causa del malestar, la convicción reinante entre los hombres de que al destruir los navíos les había cortado la retirada no dejándoles más alternativa que vencer o morir, concentró en ella toda su atención y la de sus oyentes, les dijo que de entonces en adelante tendrían que luchar no sólo por Dios y por el Rey como siempre, sino también para salvar la vida. Y sobre ello dijo otras muchas comparaciones y hechos heroicos de los romanos.

»A los pusilánimes ofreció el único barco que quedaba... y su desprecio. Nadie aceptó ni lo uno ni lo otro y Cortés dio al traste también con aquel último bajel.»

Que se barrenaran las naves o se quemaran por orden de Cortés, poco importa el procedimiento. Si la acción fue fortuita o no, lo cierto que es muy propia del carácter y espíritu de Cortés, como propia lo sería también la de Pizarro y los trece de la fama, legendaria según algunos, pero perfectamente verosímil. El propio Cortés escribe en sus famosas *Cartas de Relación* cuyo relato por su estilo ha sido comparado a la Guerra de las Galias de Julio César:

> *So color que los dichos navíos no estaban para navegar, los eché a la costa por donde todos perdieron la esperanza de salir a la tierra y yo hice mi camino más seguro...*

El camino más seguro, el único que le quedaba, apuntaba hacia la meseta del Anahuac, en el valle de México, donde se asentaba Tenochtitlán, la capital de la confederación azteca.

En aquellos ariscos territorios con todo hostil y en contra no podía haber vacilaciones, la decisión adecuada es lo que define a un gran jefe que frecuentemente tenía a sus propios soldados en contra Cortés supo hacerlo y la «suerte fue de los audaces».

CAPÍTULO XII

OTRA VERSIÓN DE LA QUEMA DE LAS NAVES

La versión de Gómara

El historiador Gómara da una versión distinta del hecho, como sigue:

«Propuso Cortés ir a México y encubríalo a los soldados porque no rehusasen la ida, con los inconvenientes que el "Tandile" con otros ponía, especialmente por estar sobre el agua, que lo imaginaban por fortísimo, como en efecto era...

(Es de observar que el embajador indio les había indicado que la capital del imperio, sobre la famosa laguna, era una fortaleza.)

»Y para que le siguiesen todos, aunque no quisiesen, acordó quebrar los navíos, cosa recia y peligrosa y de gran pérdida, a cuya causa tuvo bien que pensar y no porque le doliesen los navíos, sino porque no se lo estorbasen los compañeros, pues sin duda se lo estorbaran y aun se amotinaran de veras si lo entendieran.

»Determinado, pues, a quebrarlos, negoció con algunos maestres para que secretamente barrenasen los navíos, de suerte que se hundiesen, sin los poder agotar ni atapar. Y rogó a otros pilotos que echasen fama cómo los navíos no estaban para más navegar, de cascados y roídos... y que llegasen todos a él, estando con muchos, a se así lo decir, como que le daban cuenta de ello, para que después no le echasen la culpa.

»Ellos lo hicieron así como él ordenó, y le dijeron delante de todos cómo los navíos no podían más navegar por hacer mucha agua y estar muy abromados, o sea podridos... Y después de haber platicado mucho sobre ello, mandó Cortés que aprovechasen dellos y lo que más pudiesen y los dejasen hundir o dar al través, haciendo sentimiento de tanta pérdida y falta, y así dieron luego al través (hundieron) en la costa con los mejores cinco navíos, sacando primero los tiros, armas, vituallas, velas, sogas, áncoras y todas las otras jarcias que podían aprovechar.

»Desde a poco, quebraron otros cuatro; pero ya entonces se hizo con alguna dificultad, porque la gente entendió el trato y el propósito de Cortés, y decían que los quería meter en el matadero.

»Y él los aplacó diciendo que los que no quisieran seguir la guerra en tan rica tierra, ni su compañía, se podían volver a Cuba en el navío que para eso quedaba, lo cual fue para saber cuántos y cuáles eran los cobardes y contrarios, y no les fiar ni confiarse con ellos.

»Muchos le pidieron licencia descaradamente para tornarse a Cuba; mas eran marineros los menos, y querían antes marinear que guerrear. Otros hubo con el mismo deseo, al ver la grandeza de la tierra y muchedumbre de la gente; pero tuvieron vergüenza de mostrar cobardía en público.

»Cortés, que supo esto, mandó quebrar aquel navío (hundir el barco que quedaba) y así quedaron todos sin esperanza de salir de allí por entonces.»

(*Anales de Gómara*, citados por Pereyra, ilustre especialista mexicano de la historia de Cortés.)

Si se confrontan las versiones de diversas crónicas, y son bastantes, puede aceptarse la idea general de que los hombres de Cortés quisieron amotinarse contra él por haber barrenado las naves.

Hay otros ejemplos en la historia de naves quemadas o embarrancadas para que fuese imposible volverse atrás:

Agatobles, caudillo siciliano de la antigüedad; el musulmán Omich Barbarroja, y el emperador Juliano el Apóstata, que destruyó sus naves cuando hubo cruzado el Tigris para guerrear contra los persas.

Pereyra razona de la manera siguiente:

> *Suponiendo, cosa nada improbable, que los españoles fuesen copados desastrosamente (por los indios), ¿cuáles eran los servicios que podían prestarles unas naves a cien leguas de distancia? Si llegaba a salvo a la costa, Cortés no necesitaría embarcarse.*

Y no lo necesitaría ¡porque ya sería dueño del imperio de Moctezuma!

Lo cierto es que solamente restaban unos cuatrocientos quince españoles sin retirada posible, para conquistar un territorio tres veces mayor que España. La empresa parecía una locura. Y en Villa Rica quedaban otros cien hombres al mando de Juan de Escalante.

Esta fue la hazaña de Cortés referente a la famosa «quema de naves» que, si no fueron quemadas, sí quedaron inservibles, demostrando el temple del valiente conquistador.

Cortés fue uno de los hombres de su tiempo que constituyen una pléyade especial cumplidora de una vocación singular espoleada por una coyuntura favorable. La lucha contra los moros durante ocho siglos y las guerras de Italia predispusieron a una selección de superhombres (con muchas grandes virtudes y defectos) que se lanzó a la exploración y sometimiento de un vastísimo continente desconocido. Todos ellos constituyen lo que se ha venido a llamar la generación de los conquistadores.

Pero esta generación viene precedida por otra no menos importante, la de los descubridores para la que se elige la fecha de 1474 como comienzo del reinado de los Reyes Católicos. El predominio de los descubridores finaliza treinta años más tarde, en 1504, con el fin del reinado de Isabel y dos años después del almirante Cristóbal Colón. Por entonces se publicarán las cartas de Vespucio, al que se le sitúa como descubridor intelectual de América. Hasta entonces la generación descubridora, nacida entre 1444-1474 y cuya acción se desarrolla entre 1474 y 1504 había visto al Nuevo Mundo como geografía asiática, no son «americanos» todavía.

La generación de 1504, la de los conquistadores, «pertenece» enteramente a América y está constituida por hombres que al salir de España eran desconocidos, es decir, carecían de historia, salvo excepciones, no poseían ni hacienda ni fama. Todo lo ganaron en América. A ella pertenecen personalidades como Las Casas (1474-1566), Diego de Almagro (1475-1538), Francisco Pizarro (1475-1541), Vasco Núñez de Balboa (1475-1517), Gonzalo Fernández de Oviedo (14781557), Hernán Cortés (1485-1547), Pedro de Alvarado (?-1541), Sebastián de Belalcázar (1495-1550), Bernal Díaz del Castillo (1494-1584), etcétera. Nacieron entre 1474 y 1504 y predominan entre 1504 y 1534.

Estos hombres y todos los que ellos representan actuaron en dos etapas: de 1502 aproximadamente al 1519 en que se efectúa la conquista antillana, y de 1519 a 1534-35 en que se verifica la anexión del territorio básico continental. En la primera etapa llegan, se aclimatan y aprenden el oficio de las armas en relación con el Nuevo Mundo. Usan las islas como plaza de experimentación y como plataforma de expansión.

Poco antes de 1519 se inicia la gran embestida al continente. Se esta fundando Panamá, base del asalto a Sudamérica por la cara del Pacífico cuando Cortés está desembarcando en Veracruz y se inicia la primera vuelta al mundo, al mismo tiempo que aparecerán los primeros piratas ingleses. De 1519 a 1535 —fundación de Lima— son años impetuosos, apenas quince años, los suficientes para develar lo fundamental de

En Cholula hubo una gran matanza ordenada por Cortés, según se dice, para prevenir una traición de los aztecas.

las culturas precolombinas. El resto es marginal periférico, complementario. Casi treinta años más tarde y llegamos a la fundación de Buenos Aires por segunda vez. En 1567, fundación de Caracas, momento en que se está terminando la acción de la generación de 1534, la de los fundadores, nacidos entre 1504 y 1534 y cuya actividad, que sigue a la de los conquistadores, predomina entre 1534 y 1564.

CAPÍTULO XIII

EL PACTO DE TLASCALA

Cortés se había decidido. Entonces, dejando en el fuerte Veracruz un destacamento de cincuenta soldados, hizo venir de Zempoala a las esclavas ofrecidas por el cacique, las cuales se unieron a otros tantos españoles, formándose con ellos varias familias que constituyeron la base y fundamento de la ciudad futura; tras lo cual, Cortés, distribuyendo en tres secciones su reducido pero veterano ejército, emprendió la marcha por las tierras de Tlascala.

Mandaba la vanguardia el capitán Cristóbal de Olid, el centro se hallaba a cargo de Pedro de Alvarado y la retaguardia la regía Gonzalo de Sandoval, cada uno de los cuales tenía a sus órdenes una sección de arcabuceros y dos cañones, el resto de los cuales se quedó en Veracruz, pues eran necesarios para su defensa.

Cortés asumió el mando supremo del ejército y tan pronto estaba en vanguardia como en retaguardia, al frente de los doce jinetes que le seguían, formando una escolta personal.

Doña Marina y Jerónimo de Aguilar acompañaban al ejército en calidad de intérpretes. Además, Marina amaba ya ardientemente a Hernán Cortés y jamás habría consentido en separarse de él.

En Tlascala

Tlascala era una extensa provincia o territorio independiente, que en vano el emperador Moctezuma había intentado someter a su yugo.

Nación fuerte, guerrera por temperamento, pero noble, erigida en República y celosos sus naturales hasta el extremo de la independencia de su patria, habían rechazado varias veces y victoriosamente las acometidas de los mejores generales mexicanos y de los fieros ejércitos aztecas que aquéllos mandaban.

Enorgullecidos, pues, por dichas victorias sobre Moctezuma, decidieron oponerse también al paso de las huestes de Cortés por su territorio.

Fue vano que el conquistador enviase alguno de sus indios auxiliares que llevaba consigo para proponerles a los tlascaltecas un tratado de paz y alianza. Nada quisieron saber.

Allí se dieron las primeras batallas en que se demostró la manifiesta superioridad de los españoles, debido sin duda a las armas que poseían.

Tres ejércitos de más de cuarenta mil hombres tlascaltecas fueron destruidos en tres batallas libradas sucesivamente. Y cuando el Consejo de Tlascala quiso proponer la paz, uno de los sacerdotes que se hallaba al servicio del principal de los templos de la capital de aquella República, convenció a los gobernantes que, siendo los invasores hijos del Sol, perderían indudablemente por la noche, en ausencia de su dios, por lo que podrían ser derrotados con toda facilidad.

El general tlascalteca Xicotencal, sugestionado por esta idea, organizó para la noche siguiente un furioso ataque contra el campamento español, lejos de la ciudad.

Los centinelas de Cortés, siempre alertas, dieron a tiempo la voz de alarma y puestos en un instante todos los hombres en pie de guerra, lograron desbaratar al ejército enemigo con más facilidad todavía que en los combates anteriores, debido también a que los tlascaltecas nunca habían luchado de noche y estaban, pues, en peores condiciones físicas.

El pacto de Tlascala

A la mañana siguiente se presentó a Cortés una solemne embajada del Consejo y gobierno de Tlascala pidiendo la paz y ofreciendo la amistad y sumisión de la República a las victoriosas armas españolas, considerando a los hombres de Hernán Cortés como seres sobrenaturales, invencibles e invulnerables.

Cortés concedió la paz y la amistad solicitadas, pero se negó a la invitación de entrar en la ciudad temiendo, quizá con razón, una celada.

Sin embargo, volvió una segunda embajada con la misma súplica, con muestras de tanta sinceridad que Cortés no pudo ya negarse.

La entrada del pequeño ejército español en Tlascala fue una verdadera página de gloria para unos y para otros.

La ciudad estaba engalanada, y todos tributaron sus muestras de respeto y amistad a quienes les habían vencido de día y de noche. Y los españoles, perdida su desconfianza, empezaron a mezclarse con los tlascaltecas, celebrándose bailes populares durante varios días.

Cortés y Marina fueron paseados en triunfo por la capital sobre un lujoso palanquín, y luego se celebró la jura solemne de la amistad y alianza entre españoles y tlascaltecas.

Aquel pacto fue siempre observado fielmente por unos y por otros.

La ciudad estaba engalanada, y todos tributaron sus muestras de respeto y amistad a quienes les habían vencido de día y de noche. Y los españoles, perdida su desconfianza, empezaron a mezclarse con los tlascaltecas, celebrándose bailes populares durante varios días.

Cortés y Marina fueron paseados en triunfo por la capital sobre un lujoso palanquín, y luego se celebró la jura solemne de la amistad y alianza entre españoles y tlascaltecas.

Aquel pacto fue siempre observado fielmente por unos y por otros.

En su Segunda Carta de Relación, Cortés describe al Emperador la capital de los tlaxcaltecas:

> La ciudad es tan grande y de tanta admiración, que aunque mucho de lo que della podia decir deje, lo poco que diré creo es casi increíble, porque es muy mayor que Granada y muy más fuerte, y de tan buenos edificios, y de mucha más gente que Granada tenía al tiempo que se ganó, y muy mejor abastecida de las cosas de la tierra, que es de pan y de aves y caza y pescado de los ríos y de otras legumbres y cosas que ellos comen muy buenas. Hay en esta ciudad un mercado en que quotidianamente todos los días hay en él de treinta mil ánimas arriba vendiendo y comprando, además de otros mercadillos que hay por la ciudad distribuidos. En este mercado hay todas cosas así de mantenimiento, como de vestido, y calzado, que ellos tratan y puede haber. Hay joyería de oro y de plata y piedras, y de otras joyas de plumaje tan bien concertado como puede ser en todas las plagas y mercados del mundo. Hay mucha loza de todas maneras y muy buena, y tal como la mejor de España. Venden mucha leña, y carbón y yervas de comer, y medicinales. Hay casas donde lavan las cabezas como barberos, y las rapan, hay baños. Finalmente, que entre ellos hay toda manera de buen orden y policía; y es gente de toda razón, y concierto: y tal, que lo mejor de África no se iguala.

Mucho debió de llamar la atención a Cortés el servicio de orden público, pues ocurrió que uno de los naturales había robado oro del real español; se quejó Cortés y una vez hallado el culpable le fue entregado para que lo castigase; pero el conquistador, con su sagacidad de costumbre, delegó el asunto en las autoridades indígenas locales, las cuales, después de haber paseado al ladrón a la vergüenza pública con un pregonero, lo ejecutaron en el mercado para escarmiento de todos.

Cortés ordenó también realizar una especie de censo de Tlaxcala lo que arrojó una cifra de unos 150.000 vecinos. Comprendió entonces que se hallaba en la capital de un estado importante, enemigo de los mexica y que era preciso a toda costa guardar su alianza que tan trabajosamente la había obtenido como premio a su victoria, y además porque los tlaxcaltecas se lo merecían como en los días siguientes tuvo ocasión de experimentar, pues su generosidad y fidelidad a los españoles no tuvo límites. Sin ellos Tenochtitlán hubiera sido casi imposible de conquistar.

CAPÍTULO XIV

LA TRAMPA DE CHOLULA

Hacia Cholula

Puestas sus miras en la capital del Imperio, Hernán Cortés se propuso, tras un breve descanso en Tlascala, seguir su camino por Cholula, que estaba a algunas jornadas más allá, y era la ruta recta hacia la populosa ciudad de México.

Al enterarse de sus propósitos, los tlascaltecas intentaron disuadir a Cortés de pasar por Cholula, cuyos habitantes, aztecas fanáticos, eran los secuaces más acérrimos de los ídolos mexicanos, constituyendo una especie de ciudad santa de la religión azteca.

Enemigos jurados de Tlascala, no había engaño ni perfidia que no hubieran intentado para arruinar a la República en beneficio de Moctezuma.

Todo esto lo pusieron los tlascaltecas en conocimiento de Cortés, para que desconfiase en absoluto de las buenas palabras y proposiciones que los de Cholula le dirigiesen, aconsejándole finalmente que era preferible dar un rodeo para dirigirse a la calzada de Tezcuco, en plena laguna de México, para desde allí entrar en la gran capital.

Como respondiendo a esas admoniciones, llegaron a Tlascala varios emisarios de Cholula invitando a Cortés a entrar en su ciudad, donde tratarían condiciones de paz y alianza como las de Cozumel, Zempoala y Tlascala.

Cortés no supo qué resolución adoptar y decidió consultar con Marina.

Esta animosa mujer, llevada por su amor, le ofreció que si la dejaba obrar a su discreción, le daría noticias de aquella ciudad que le permitirían formarse un concepto de la sinceridad o falsía de las propuestas de los emisarios.

Y Marina, acompañada de dos esclavas más, y disfrazada convenientemente, partió a la mañana siguiente hacia Cholula.

En la ciudad todo era confusión, misterio y sobresalto. Los hombres formaban corros en calles y plazas, susurrando siniestramente o escuchando a algún guerrero fanático que gritaba contra los invasores extranjeros y jurando que era preciso exterminarlos sin dejar uno solo, para lo cual podían recurrir a toda clase de medios, desde la lucha franca y leal a la más abyecta traición.

Los habitantes de Cholula creían que los españoles dominaban a los elementos, que tenían poder para producir rayos y truenos capaces de aniquilar a ejércitos enteros, así como la facultad de convertirse en monstruos y relinchar espantosamente.

Se decía que usaban armaduras de hielo endurecido misteriosamente, que preservaban sus pechos, manos y pies de toda clase de heridas, y que esgrimían espadas, lanzas y puñales fabricados de la misma materia, más brillante que los rayos del Sol, de quien eran hijos.

Por esto, la guerra franca y leal era imposible, y era necesario recurrir a la traición contra ellos, cosa que, además, era su costumbre de actuar.

Multitud de hombres, mujeres, niños y ancianos, subían a las azoteas y a las cubiertas de las casas cargados con piedras de gran tamaño, troncos de árboles, flechas y ballestas, y toda clase de armas arrojadizas.

Y todo se hacía bajo el manto de la amistad. Lo cual, observado por Marina y sus compañeras, viendo además, o intuyendo tal vez —Bernal Díaz no lo dejó muy claro— que en los templos se hacían sacrificios humanos para tener propicios a los dioses, la joven regresó rápidamente a Tlascala para contarle a Hernán Cortés lo que acababa de presenciar.

La matanza de Cholula

¿Era cierto que los habitantes de Cholula preparaban una emboscada a Cortés y sus hombres? ¿O acaso se trataba simplemente de rumores infundados? ¿Envió Cortés a Marina a Cholula? Algunos historiadores lo dudan, y en verdad es difícil de creer.

¿Hay que pensar, entonces, que cuantos hablaron y hablan todavía de las crueldades innecesarias cometidas por Hernán Cortés en México, dando más fundamento a la leyenda negra, iniciada en tiempos de Colón, y difundida por el padre Bartolomé de Las Casas, de cuyo testimonio apenas es posible dudar por su condición de religioso y por haber sido testigo presencial de los primeros años del descubrimiento y conquista de América, dicen la triste verdad?

Porque lo cierto es que, oficialmente para protegerse contra una posible traición de los habitantes de Cholula, Cortés, desoyendo los consejos de los tlascaltecas y los ruegos de Marina, se encaminó con su corto ejército hacia aquella ciudad santa, y ordenó una gran matanza, en la que tomaron parte los tlascaltecas que acompañaban con este fin a Cortés, que siempre habían sido enemigos de los cholulas.

Aquella matanza allanó a Cortés el camino hacia la capital del imperio de Moctezuma.

El propio Cortés justifica el hecho:

> ... *allí estaba mucha gente de Mocteguma junta y los de la ciudad tenían fuera sus mujeres y sus hijos y toda su ropa y (gracias a doña Marina) supe que habían de dar sobre nosotros para nos matar a todos... e así por esto, como por las señales que para ello había, acordé de prevenir antes, de ser prevenido, e hice llamar a algunos de los Señores de la ciudad*

diciendo que los quería hablar y metilos en una sala;
e en tanto fice, que la gente de los nuestros estuviese
apercibida, y que en soltando una escopeta, diesen
en mucha cantidad de Indios, que había junto al apo-
sento, y muchos dentro dél. E así se hizo, que des-
pués que tuve a los Señores dentro en aquella Sala,
dejelos atados, y cabalgué e hice soltar las escope-
tas y dímosles tal mano que en dos horas murieron
unos tres mil hombres. Y por vuestra Majestad vea
quan apercibidos estaban antes que yo saliese de
nuestro aposentamiento, tenían todas las casas toma-
das, y toda la gente a punto, aunque como los toma-
mos de sobresalto fueron buenos de desbaratar,
mayormente que les faltaban los caudillos, porque
los tenía ya presos e hice poner fuego a algunas torres
y casas fuertes donde se defendían y nos ofendían...

Estudiadas las fuentes de Madariaga concluye: «hubo conspiración y los cholutecas se hallaban armados». Tapia y Bernal
Díaz tienen razón en su relato. El padre Las Casas, en su deseo
de pintar como sanguinarios a los conquistadores, falla en este
caso estrepitosamente. A este respecto un historiador contem-
poráneo como Prescott, tan imparcial como el que más, escribirá: «La matanza de Cholula fue una necesidad militar para
un hombre que guerreaba como Cortés.» O se hacía sin vacilación o la empresa terminaba para los españoles de la forma
más trágica. No podía haber ni vacilación ni alternativa.

CAPÍTULO XV
MOCTEZUMA

Por el camino

> *Y vimos tantas ciudades y villas pobladas en el agua y en tierra firme y otras grandes poblaciones, y en aquella calzada tan derecha y por nivel como iba a México, que quedamos admirados y decíamos que parecía a las codas de encantamiento que cuentan en el libro de Amadís (de Gaula), por las grandes torres y cúes (santuarios) y edificios, que tenían dentro en el agua, y todos de cal y canto. Y aunque algunos de nuestros soldados decían si aquello que veían era entre sueños, y no es de maravillar porque yo las describa aquí desta manera porque hay mucho que ponderar en ello, que no sé cómo lo cuente.*

Tal es la forma cómo Bernal Díaz del Castillo describió lo que iban viendo a medida que los españoles se aproximaban a la capital del Imperio de Moctezuma, camino emprendido el 16 de agosto de 1519, ascendiendo a la meseta del Anahuac, donde estaba Mexitli, con su famosa laguna. Y a medida que avanzaban, el maravilloso clima y la espléndida vegetación les ofrecían espectáculos de verdadero ensueño.

Moctezuma

Si los españoles admiraban lo que veían, no eran ellos menos admirados por los naturales del país, que se agolpaban a su paso para contemplarles entre maravillados y asustados. Era para admirarse y sobresaltarse ver a aquel puñado de hombres blancos y barbudos la mayoría, acompañados por unos tlascaltecas y fue un milagro que no se armase un gran alboroto a la vista de aquel grupo guerrero.

Cuando finalmente se llegó a presencia de Moctezuma, Cortés se apeó del caballo y, acompañado de doña Marina en calidad de intérprete, llegó al encuentro del monarca. Hizo además de abrazar al monarca, pero ésta no era la costumbre de aquella tierra y los caciques se lo impidieron.

Los indios llamaban a Cortés «Malinche», por llamar también así a Marina. Y los cronistas explican que Moctezuma dio hospitalidad a Cortés en un lujoso palacio, diciéndole:

> —*Malinche, en vuestra casa estáis vos y vuestros hermanos. Descansad.*

Tenochtitlán

En algunos documentos históricos se compara la capital del imperio azteca con Granada. Mas para algunos soldados de Hernán Cortés, Granada era menor, lo que ayudará a tener una idea aproximada de las enormes dimensiones de Tenochtitlán. Bernal Díaz la compara con Roma y Constantinopla, y añade: «Había en ella una plaza en la que cabría dos veces la de Salamanca...»

En un extremo del lago de Tezcoco se levantaba una ciudad doble, como la capital de Hungría —Buda y Pest—, y así estaban unidas ambas sobre la laguna de Mexitli, Tenochtitlán y Tlatelolco, esta última sometida a la primera.

> *La grandeza y extrañas y maravillosas particularidades de aquella ciudad* —escribió Cortés al Emperador— *no eran para creerse, porque aun los*

Los españoles se aproximaban a Tenochtillán, capital del Imperio azteca.

que las veían con sus propios ojos no las podían comprender con el entendimiento...

Tenochtitlán y Tlatelolco estaban separadas por una acequia que corría de Este a Oeste. La corriente del agua formaba en las partes de la ciudad verdaderas «islas», como en Venecia. Y había puentes para ir de una isla a otra. El historiador mexicano Pereyra dice que el templo del ídolo nacional «Huichilobos» abarcaba desde lo que hoy es atrio de la catedral hasta la calle de Cordobanes, y de allí partían cuatro calles rectas que arrancaban de cuatro puertas practicadas en una valla que circundaba el templo, y estas calles continuaban como carreteras en dirección al lago.

Los españoles, continúa Pereyra, entraron por la calzada sur. Las cuatro calles dividían la ciudad en cuatro distritos llamados calpuli: Zoquipa, Atzacualco, Cuepopan y Mayotlán. Pero estos nombres fueron sustituidos por nombres de santos cristianos: San Pablo, San Sebastián, Santa María la Redonda y San Juan.

La ciudad estaba dividida por barrios, unos aristocráticos y otros más pobres.

En los primeros se alzaban los palacios de los grandes señores.

Los suburbios de Tenochtitlán, en cambio, eran moradas lacustres, chozas construidas sobre estacas, como los palafitos de los tiempos prehistóricos.

El santuario del dios «Huichilobos», donde se practicaban sacrificios humanos, era el más grande, y tenía forma de pirámide truncada. Y la ciudad en su parte aristocrática era un jardín. Juegos de agua, fuentes, sombra de frescura, todo lo cual también se hallaba dentro del enorme templo, contrastaba con el aspecto de los sacerdotes que hacían los sacrificios humanos y que, como los de otras poblaciones, se untaban las manos y el cabello con la sangre de las víctimas inmoladas, viendo en ella un poder mágico. Eran unos verdaderos brujos que apestaban, aunque Cortés se abstuvo de

94

ordenar que se pelaran y lavaran. Todavía no era dueño de la ciudad.

El palacio de Moctezuma se hallaba cerca del templo. Los españoles se asombraron cuando vieron un parque zoológico, cosa que en Europa no se conocía todavía.

Cortés describió así el palacio de Moctezuma:

> Había en esa casa aposentamientos para aposentar dos muy grandes príncipes, con todo su servicio. En esta casa tenía Moctezuma diez estanques de agua, donde tenía todos los linajes de aves de agua que en estas partes se hallan, que son muchas y diversas, todas domésticas; y para las aves que se crían en la mar, eran los estanques de agua salada y para las de ríos, lagunas de agua dulce. Sobre cada alberca y estanque de estas aves había sus corredores y miradores, muy gentilmente labrados, donde el dicho Moctezuma se venía a recrear...

El tráfico de productos

Sigamos con Cortés:

> Tiene esta ciudad muchas plazas donde hay continuos mercados y trato de comprar y vender... donde hay cotidianamente sesenta mil almas comprando y vendiendo; donde hay todos los géneros de mercaderías que en todas las tierras se hallan, así de mantenimiento como de vituallas, joyas de oro y plata, de plomo, de latón, de cobre, de estaño, de piedras, de huesos, de conchas, de caracoles y de plumas; véndese tal piedra labrada y por labrar, adobes, ladrillos, madera labrada y por labrar de diversas maneras...

95

Hay calle de caza donde venden todos los linajes de aves que hay en la Tierra, así como gallinas, perdices, codornices, lavancos, dorales, arcetas, tórtolas, palomas, pajaritos de cañuelas, papagayos, buharres, águilas, falcones, gavilanes, cernícalos, y de algunas destas de rapiña venden los cueros con su pluma y cabeza y pico y uñas.

Venden conejos, liebres, venados, perros pequeños que crían para comer castrados. Hay calle de herbolarios, donde hay todas las raíces y yerbas medicinales que en la Tierra se hallan. Hay casas como de boticarios donde se venden las medicinas hechas, así potables como ungüentos y emplastos. Hay casas como de barberos, donde lavan y rapan las cabezas. Hay casas donde dan de comer y beber por precio. Hay hombres como los que llaman en Castilla ganapanes para traer cargas. Hay mucha leña y carbón, braseros de barro y esteras de muchas maneras para camas y otras más delgadas para asiento y para esterar salas y cámaras.

Hay todas las maneras de verduras que se hallan, especialmente cebollas, puerros, ajos, mastuerzo, berros, borrajas, acederas y cardos y tagarninas. Hay frutas de muchas clases, cerezas y ciruelas, semejantes a las de España. Venden miel de abejas y cera, y miel de cañas de maíz, que son tan melosas y dulces como las de azúcar, y miel de unas plantas que llaman magüey, que es muy mejor que el arrope y destas plantas hacen azúcar y vino, que asimismo venden.

Hay a vender muchas maneras de hilado de algodón de todos los colores en sus madejicas, que parece propiamente alcacería de Granada en las sedas, aunque este otro es en mucha más cantidad. Venden colores para pintores, cuantos se pueden hallar en España y de tan excelentes matices cuantos pueden ser.

Venden cueros de venado con pelo y sin él, teñidos blancos y de diversos colores. Venden mucha loza en gran manera muy buena; muchas vasijas de tinajas grandes y pequeñas, jarros y ollas, lebrillos y otras infinitas maneras de vasijas, todas de singular barro, todas o las más, vidriadas y pintadas.

Venden maíz en grano y en pan, lo cual hace mucha ventaja, así en el grano como en el sabor, a todo lo de las otras islas y tierra firme. Venden pasteles de aves empanadas de pescado. Venden mucho pescado fresco y salado, crudo y guisado. Venden huevos de gallina y de ánsar y de todas las otras aves que he dicho, en gran cantidad; venden tortillitas de huevos hechas.

Finalmente, que en los dichos mercados se venden todas cuantas cosas se halla en toda la Tierra, que además de las que he dicho, son tantas y de tantas calidades que por la prolijidad y por no me ocurrir tantas a la memoria, y aun por no saber poner los nombres, no las expreso.

Una ciudad encantada

Continúa Cortés en sus cartas-relación y se refiere al oro, el fabuloso oro de las Indias:

Hablé un día al dicho Moctezuma y le dije que Vuestra Alteza Carlos I tenía necesidad de oro para ciertas obras que mandaba hacer, y que así le rogaba enviase a algunas personas de los suyos, y que yo enviaría asimismo algunos españoles por las tierras y las casas de aquellos señores que allí se habían ofrecido a les rogar que de lo que ellos *tenían, sirviesen a Vuestra Majestad con alguna parte... Y así se hizo, que todos aquellos señores a que él envió dieron cumplidamente lo que se les pidió, así en joyas como en tejuelos y hojas de oro y plata, y otras cosas de las que ellos tenían, que fundido todo lo que era fundir, cupo a Vuestra Majestad del quinto treinta y dos mil y cuatrocientos y tantos pesos de oro, sin contar todas las joyas de oro y plata, y plumajes y piedras, y otras muchas cosas de valor, que para Vuestra Majestad yo asigné y aparté, que podrían valer cien mil ducados y más...*

Y no le parezca a Vuestra Alteza fabuloso lo que digo, pues es verdad que todas las cosas creadas así en la Tierra como en el mar, de que el dicho Moctezuma pudiese tener conocimiento, tenía contrahechas (o sea imitadas) muy al natural, así de oro y plata como de pedrerías y plumas, en tanto de perfección que casi ellas mismas parecían; de las cuales todas me dio para Vuestra Alteza mucha parte, sin otras que yo le di figuradas y él las mandó hacer de oro...

Es decir, Hernán Cortés, por lo visto, deseó probar la habilidad de los orfebres aztecas, y éstos, al ordenárselo su monarca, hicieron imágenes, crucifijos, medallas, collares y joyeles «y otras muchas cosas de las nuestras que les hice contrafacer... y platos grandes y pequeños y escudillas y tazas y cucharas, y lo labraron tan perfecto como se lo podíamos dar a entender».

Además desto me dio el dicho Moctezuma mucha ropa de la suya, que era tal, que considerada ser toda de algodón y sin seda, en todo el mundo no se podía hacer ni tejer otra tal, ni de tantas ni tan diversas y naturales colores ni labores, en que había ropas de hombres y de mujeres muy maravillosas, y había

98

paramentos para camas, que hechos de seda no se podían comparar.

Al parecer, Moctezuma le regaló asimismo a Cortés una docena de cerbatanas «todas pintadas de excelentes pinturas y matices».

CAPÍTULO XVI

LA ORGANIZACIÓN DE LA SOCIEDAD AZTECA

Los españoles se quedaron maravillados ante la organización tan adelantada que veían por doquier.

Así se describía:

> *En todos los señoríos tenía gente suya y sus gobernadores y cogedores (cobradores) de servicio (impuestos) y renta que de cada provincia le daban, y había cuenta y razón de lo que cada uno era obligado a dar, porque tienen caracteres y figuras (cifras) escritas en el papel que facen, por donde se entienden.*

La numeración, no obstante, que empleaban tanto los aztecas como los mayas, era harto complicada.

También da Cortés detalles sobre las costumbres y los usos en la corte de Moctezuma.

> *Todos los días, luego en amaneciendo, eran en su casa más de seiscientos señores y personas principales, los cuales se sentaban y otros andaban por unas salas y corredores que había en la dicha casa y allí estaban hablando y pasando tiempo, sin entrar donde su persona estaba. Y los servidores de éstos y otras personas de su séquito, henchían dos o tres grandes patios y la calle, que era muy grande...*

Al parecer, Moctezuma comía, y a la misma hora daba también un banquete a todos sus cortesanos presentes.

> *La manera cómo les daban de comer es que venían trescientos o cuatrocientos mancebos con el manjar, que era sin cuento, porque todas las veces que comía y cenaba le traían de todas las maneras de manjares, así de carnes como de pescados y frutas y verduras que en toda la tierra podía haber...*
> *Y porque la tierra es fría, traían debajo de cada plato y escudilla de manjar un braserico con brasa, porque no se enfriase.*

Un refinamiento sin precedentes ni jamás visto en las cortes más adelantadas y delicadas de Europa.

> *Poníanle todos los manjares juntos en una gran sala en que él comía, que casi toda se henchía, la cual estaba toda muy bien esterada y limpia, y él estaba asentado en una almohada de cuero, pequeña, pero muy bien hecha.*
> *Al tiempo que comían estaban allí desviados cinco o seis señores ancianos, a los cuales él daba de lo que comía. Y estaba en pie uno de aquellos servidores, el cual le ponía y alzaba los manjares, y pedía a los otros que estaban más afuera lo que era necesario para el servicio. Y al principio y fin de la comida y la cena le daban agua a manos, y con la toalla que una vez se limpiaba ya no se limpiaba más, ni tampoco los platos o escudillas en que le traían una vez el manjar se los tornaban a traer, siempre nuevos y así hacían con los braserícos.*
> *Vestíase todos los días de cuatro maneras de vestiduras, todas nuevas y nunca más se las vestía otra vez.*
> *Todos los señores que entraban en su casa no entraban calzados, y cuando tenían delante de él*

algunos que él enviaba llamar, llevaban la cabeza y ojos inclinados y el cuerpo muy humillado y hablando con él no le miraban a la cara, lo cual hacían por mucho acatamiento y respeto. Y sé que lo hacían por este respeto, porque ciertos señores reprendían a los españoles, diciendo que cuando hablaban conmigo me miraban a la cara y esto les parecía desatamiento y poca vergüenza.

Cortés prefería, por lo visto, contemplar y estudiar los ojos de sus interlocutores para descubrir sus pensamientos.

Cuando salía fuera del palacio el dicho Moctezuma, que era pocas veces, todos los que iban con él y los que topaba por la calle, le volvían el rostro y en ninguna manera le miraban, y todos los demás se postraban hasta que él había pasado.

Llevaba siempre delante de sí un señor de aquellos con tres varas delgadas altas, que creo se hacía porque se supiese que allí iba su persona. Y cuando lo descendían de las andas, tomaba la una en la mano y llevábala hasta donde iba.

Cortés añade en otra misiva al Emperador:

En esta gran ciudad estuve proveyendo las cosas que parecían convenientes al servicio de Vuestra Majestad y pacificando y atrayendo a él muchas provincias y tierras pobladas de muchas y muy grandes ciudades y villas y fortalezas y descubriendo minas y sabiendo e inquiriendo muchos secretos de las tierras del señorío de Moctezuma.

Las historias de Moctezuma

Moctezuma le contó a Cortés la historia de su pueblo, pero haciendo hincapié en que los aztecas no se consideraban naci-

103

dos en la misma tierra que habitaban. Creían haber llegado de otro lugar, un país misterioso, del que descendían por antepasados remotos, hacía muchos siglos y ahora el soberano le contaba también a Cortés que él había venido de este país.

> *Y según de la parte que venís, que es de donde sale el Sol, y las cosas que decís de ese gran señor o rey que acá os envió, nosotros tenemos por cierto que ése es nuestro señor natural.*

Cortés transmitía todo esto, creyéndolo o no, en las cartas que enviaba regularmente a Carlos I. Pero Bernal Díaz del Castillo asegura que esas historias de Moctezuma eran una cosa servil, de circunstancias. Se daba cuenta de que el emperador azteca, al verse vencido, prodigaba zalamerías, y este cronista español, con su instintivo realismo, opinaba que tal vez los indios no desearan, como su emperador, considerarse vencidos, sino ansiosos de empuñar las armas.

Moctezuma, por otra parte, en cierta ocasión se franqueó con Cortés (tal vez deseando rebajar la codicia de Cortés y de sus españoles), y así le confió:

> *Ya lo veis, Malinche: soy de carne y hueso, como vos. Os habrán dicho que tengo casas de oro y que soy dios, y otras cosas halagüeñas para mí. Pero estas casas, como veis, son de piedra, cal y tierra. Gran rey sí soy, y tengo riquezas de mis antepasados, pero no las locuras y embustes que os han contado.*

Pero el oro de México no era un embuste ni un fantasma. En México había oro en grandes cantidades, cosa que a Cortés, como al resto de los españoles, encandilaba. Y era posible que fuese precisamente el oro el que haría precipitar los acontecimientos.

Al paso de aquellos hombres blancos y barbudos montados a caballo, los indígenas quedaban maravillados y asustados.

CAPÍTULO XVII

MOCTEZUMA, UN MONARCA PRISIONERO

Moctezuma era en realidad un monarca débil, y su imperio se tambaleaba. Muchos indígenas se daban cuenta de que su soberano era, de hecho, un prisionero en manos de Cortés y sus hombres. Por lo menos, el rey de los aztecas estaba privado de toda autoridad, y lo que más indignaba a los mexicanos era que Cortés hubiese entrado en su ciudad con un ejército auxiliar de rebeldes, los tlascaltecas secesionistas.

Moctezuma, por lo tanto, traicionaba a su pueblo al consentir que Cortés y los suyos continuasen, al cabo de más de dos meses, en la ciudad de Mitxili. Sabían que aquellos extranjeros no podían traer nada bueno. ¡Ni siquiera comían la carne humana de los sacrificios tan propicios al dios Huichilobos!

Por otra parte, los viejos senadores mexicanos estaban en el secreto de muchas maniobras sordas que Moctezuma había tramado para emanciparse del tutelaje de los españoles. Y así, estando éstos en la costa visitando a una tribu, Moctezuma envió a unos brujos para que los conjurasen. En cierta ocasión, Moctezuma recibió como obsequio la cabeza del español Juan de Escalante, al que habían decapitado casi por sorpresa en Veracruz. Cortés tuvo noticia de este envío, junto con Velázquez de León, Diego de Ordás, Gonzalo de Sandoval y Pedro de Alvarado, y esto le movió a celebrar un consejo.

Para cortar de raíz tantos desmanes, acordaron hacer prisionero a Moctezuma, pero de una manera discreta que no pudiera enfurecer a los indios.

El 14 de noviembre, Cortés, acompañado de otros capitanes, penetró en el palacio del *tlacatecutli* para llevar a la práctica lo acordado. Se entrevistaron a solas con el Emperador, para tratar de «asuntos de Estado». Y dice la Historia que «primero hablaron de cosas indiferentes: de burlas y cosas de placer», hasta que llegó el momento de abordar la cuestión primordial.

Cortés se quejó de la hostilidad de los indios y pidió a Moctezuma que hiciese comparecer a los culpables para castigarlos.

Moctezuma accedió a ello y envió a buscarlos, dándole al mensajero «una piedra especial que servía de contraseña». Luego, Cortés le declaró claramente al emperador que era conveniente que se trasladase a la residencia de los españoles.

Moctezuma, que era débil pero no tonto ni necio, comprendió al punto cuáles eran las intenciones del embajador de Carlos I, y quiso hacer un trato: le daría a Cortés una de sus esposas y algunas hijas, pero consideraba que su persona era inviolable y no podía constituirse «prisionero de los españoles». Cortés negó que tal fuese su posición, mas por otro lado se mostró inflexible en su «sugerencia».

Velázquez de León, ante las reticencias de Moctezuma, propuso en conciliábulo secreto que mataran al rey azteca allí mismo, pero Cortés se mostró conciliador, y al final Moctezuma, en vista de la determinación férrea de aquél, se constituyó prisionero.

Sin embargo, Cortés no pretendía indisponerse abiertamente con los aztecas, por lo que le comunicó que su prisión se vería muy atenuada, que podrían acudir a visitarle todos los funcionarios y súbditos que le «quisieran ver o pedir o notificarle algo». Moctezuma gobernaría desde la residencia de los españoles y seguiría como juez supremo de los indios, que era una de las prerrogativas de su condición real.

Las maniobras de Hernán Cortés

Durante algún tiempo todo marchó bien. Moctezuma tenía sus aposentos junto a los de Cortés, el cual, según el historiador Pereyra:

> *Vivía maritalmente con una de las hijas de Moctezuma, de las que éste había hecho donación al vencedor, según la costumbre del país. Llegaron así a formar una buena familia privada y oficial, en la que dominaba el tono de cordialidad característica entre civilizados e inferiores cuando aquéllos no extreman sus exigencias.*

Esta situación no podía conceder una paz auténtica, puesto que no era cristiana. En los primeros días de diciembre llegaron a México un guerrero llamado Cuauhpopoca, un hijo de éste, y quince guerreros indígenas que habían tomado parte en una matanza de españoles.

Moctezuma, que los había enviado a buscar, como vimos, los entregó a Cortés, el cual los hizo ejecutar casi sin juicio. Ante la aristocracia azteca, aquel indio era un héroe nacional, y su muerte contribuyó a rebajar más aún ante los aztecas el papel de Moctezuma.

Este acababa de cometer una acción vil, y era necesario que pagase las consecuencias. Cuando Cuauhpopoca y los otros supieron que iban a ejecutarlos, declararon que la matanza de que eran acusados la había ordenado el propio Moctezuma, por lo que Cortés se vio obligado a castigar también a su amigo y casi suegro, poniéndole «grillos» por algún tiempo.

Moctezuma creyó llegada ya su última hora. Sin embargo, tras la ejecución de los «culpables», Cortés perdonó a

Moctezuma, le quitó los grillos, y los dos hombres se abrazaron, costumbre que al parecer ya habían aceptado los aztecas como señal de buena voluntad.

Entonces, Cortés, tras la pérdida de sus naves, mandó la construcción de unos bergantines, y para ello envió a Veracruz, todavía denominada Villa Rica, en busca de jarcias y demás accesorios. El estilo de los españoles en construir naves llamó la atención de los indios, que todavía navegaban a remo y no se imaginaban la existencia de barcos tan grandes.

Cuentan algunos cronistas que las velas les parecían un prodigio mayor que las armas de fuego.

Pero antes de acabar de armar aquella flota, los acontecimientos se precipitaron.

Los buscadores de oro

No hay que olvidar que era el oro, ese llamado vil metal, particularmente por quienes lo atesoran y por lo que lo ansían, lo que había impulsado principalmente a los aventureros conquistadores a las lejanas tierras de América.

Y antes de que Cortés tuviese que enfrentarse con los enemigos procedentes de Cuba, es decir, amigos de Diego Velázquez, el hallazgo de varios tesoros decidió por anticipado la balanza en su favor.

En México había oro en abundancia. Pocos días antes de ser hecho prisionero Moctezuma, descubrieron en una cámara tapiada un tesoro escondido. Esto estimuló a los buscadores de oro, y Cortés envió a buscar sistemáticamente minas.

Fue por esto que la empresa de Cortés se consideró ya una victoria, y cuando Velázquez envió un ejército para quitarle de en medio, los hombres de Velázquez se pasaron en masa al bando del afortunado conquistador de México.

Muchos españoles hallaron buena colaboración en los indígenas, y se fundaron varias poblaciones, explorando otras, junto con comarcas y ríos. Aquellos españoles ya no quisie-

110

ron volver nunca más a España, y fundaron haciendas en el interior del país, mezclándose con los nativos, y dando con ello lugar a una nueva raza del más puro mestizaje.

La imprudencia de Hernán Cortés

Las relaciones entre Cortés y los aristócratas aztecas iban empeorando día a día. «Cacama, jefe guerrero y hermano de uno de los que habían sido condenados a muerte, fue capturado también por una emboscada que le tendieron por indicación de Moctezuma, y también fue ejecutado.

Moctezuma, por lo tanto, servilmente, colaboraba con los españoles, lo cual era considerado una traición al pueblo azteca por los personajes más encumbrados del país.

Hernán Cortés, por su parte, nombraba y deponía señores. Y estando el asunto en esta situación, Cortés le rogó a Moctezuma que se declarase oficialmente vasallo del rey de España.

Según Pereyra, esto fue una «torpeza». Seguramente Cortés debiera haber esperado un momento más propicio. Lo cierto es que de no producirse la sublevación que constituyó la llamada «Noche triste», tal vez México habría sido un reino confederado del imperio de Carlos I.

Pereyra, en su historia, insinúa que aquella sublevación se debió, en gran parte, a esta imprudencia de Cortés. Pero lo cierto es que cuando Moctezuma reunió a sus consejeros y les propuso el vasallaje pedido por Cortés, todos lo aprobaron.

Sin embargo, Moctezuma, deseando no parecer tan débil ni cobarde como era en realidad, a pesar de humillarse y aceptar el vasallaje, hizo comparecer a Cortés y a sus amigos ante él, y estando rodeado de su propio consejo, le declaró al conquistador:

—Oh, señor Malinche y señores capitanes. ¡Cuánto me pesa de la orden que nuestros dioses han dado a nuestros sacerdotes y a mí, y a todos mis capitanes,

111

*que nos mandan que os hagamos la guerra y os
matemos y os hagamos ir por mar adelante.*

*«Y me parece que antes de que comiencen la gue-
rra, pronto salgáis de esta ciudad y no quede ninguno de vosotros aquí. Y esto, señor Malinche, os
digo que hagáis en todas maneras, que os conviene.
¡Si no, mataros han!»*

Dice Madariaga que en el período entre el 8 de noviembre de 1519 y comienzos de mayo de 1520 se asistió al esplén-
dido desarrollo de Cortés como gobernante y estadista. Contra
viento y marea tenía que hacer frente a los problemas coti-
dianos planteados por su extraña situación dentro de un vasto
y singular Estado hasta entonces desconocido que todavía
conservaba prácticamente intacto todo su poder. En esa capa-
cidad de acomodación ante lo imprevisible. En esa inteli-
gencia rápida para planear nuevas acomodaciones a las circunstancias sin descuidar la puesta en práctica de creaciones
permanentes, radica la grandeza del capitán, muy por encima
de todos sus compañeros.

La coyuntura parecía harto favorable para Cortés y aunque
no estaba todo resuelto y había que allanar muchos obstáculos, por el momento los nubarrones que se dibujaban en lon-
tananza parecían fácilmente salvables para un hombre de su
temple. Lo cierto es que en aquel momento el único hombre
fuerte del Anáhuac era Cortés. Había obtenido cuantas riquezas había soñado hasta el punto de poder fletar una flota con-
siderable a sus expensas. Las tornas se habían vuelto y era él
el que podía enviar excedentes a Santo Domingo o Cuba a cambio de más soldados o gente para ir fortaleciendo la colonización; e incluso si era necesario deslumbrar a la Corte española
con una conquista mucho mayor que las que tanto trabajo habían
costado en la península o en Europa. En su improvisado palacio era servido por españoles e indios y hasta había reunido
una especie de harén en su mayor parte compuesto por hijas
naturales de Moctezuma que éste le había regalado.

El cronista Bernal Díaz recalca que cuando se ofrecen a los españoles mujeres indígenas, primero para que aquellos puedan unirse carnalmente, pasaba por la necesidad de bautizarlas y por la de abandonar el repugnante y horrendo culto con sacrificios humanos. El cronista deja entrever un deseo de unión de las dos razas (la estirpe conquistadora y la conquistada) y cuyo obstáculo mayor para realizarlo era las diferencias religiosas y sobre todo la costumbre del holocausto, en especial al terrible Huitzillopochli (que los cronistas españoles al ser de difícil pronunciación y transcripción lo hicieron por la de Huichilobos).

Según su Mitología, este dios había surgido milagrosamente con casco, coraza y lanza del seno de su madre, la Tierra, y auxiliado por una serpiente de fuego fulminó a sus propios hermanos, que habían querido matar a su madre al no comprender cómo había quedado encinta. A partir de este momento se mostró despiadado e implacable, a pesar de que los aztecas le tenían por Príncipe de las Generaciones.

Durante el año se celebraban tres grandes fiestas en su honor, la tercera de las cuales tenía lugar en el solsticio de invierno, conmemorándose el tránsito de la divinidad al otro mundo con grandes matanzas rituales. En la capital azteca, se le erigió un magnífico templo, donde se le representaba en una enorme estatua que se guardaba en una dependencia reservada. Los tratadistas han querido ver en la denominación Mextli, como también se le conocía, el origen de la palabra México.

CAPÍTULO XVIII
PÁNFILO DE NARVÁEZ

Hernán Cortés no hizo demasiado caso de aquella amenaza de Moctezuma, que en realidad era más un aviso que una amenaza seria, y se dispuso a preparar los bergantines. Y cuenta Bernal Díaz:

> *A los quince días de haber enviado Cortés a Martín López y a sus carpinteros a talar madera para las naves, aquél fue, según costumbre, a ver a Moctezuma «para tenerle palacio» y estaba el Ueitlatoani de humor más alegre y animoso que de costumbre.*
>
> *Cambiadas las urbanidades de rigor, pues ambas partes eran harto civilizadas, Moctezuma guardó silencio. Esperaba que Hernán Cortés le comunicase alguna noticia importante, sobre todo porque aquélla era la segunda visita que le hacía en el día. Mas viendo que Cortés no hablaba, el emperador, después de un rato de meditación, dio orden de que trajesen a su presencia un rollo de tela de algodón que extendió ante Cortés.*
>
> *Era una carta pictórica donde se veían diez y ocho naves, cinco de ellas echadas a monte y maltrechas sobre la costa.*
>
> *—Señor Malinche —pronunció Moctezuma—, agora en este punto me han llegado mensajeros de cómo en el puerto adonde desembarcaste han venido diez y ocho o más navíos e mucha gente e caballos,*

*e todo nos lo traen pintado en unas mantas, y como
me visitastes dos veces, creí que me veníades a dar
nuevas dellos. Ansí que no habrás menester hacer
navíos. Y porque no me lo decíades, por una parte
tenía enojo de vos por tenérmelo encubierto, y por
otra me holgaba porque vienen vuestros hermanos
para que todos os vayáis a Castilla y no haya más
palabras.*

*Cortés examinó atentamente las pinturas y mos-
trando gran complacencia, exclamó:*
—*Gracias a Dios que al mejor tiempo provee.*

Los soldados, engañados por el admirable dominio de
Cortés sobre sí mismo, se alegraron en gran manera. Todos
los españoles se entregaron sin reserva al regocijo por lo que
estimaban ser al fin su libertad. Pero tan pronto como Cortés
se vio libre de la presencia de los mexicanos, su silencio y
honda preocupación llamaron rápidamente la atención de
capitanes y soldados, y gradualmente fueron invadiendo y
poniendo de humor grave y serio a toda la tropa española.

No era Cortés hombre para perder tiempo en palabrerías.
Seguidamente preguntó por Andrés de Tapia, hombre de su
confianza, y le indicaron que acababa de regresar de Cholula
y Tlascala.

En seguida, Cortés envió a Tapia a Veracruz, y le encargó
que viajase rápidamente pero evitando el camino usual.
A pie de día, y a hombros de indios por la noche, Tapia fue
de México a Veracruz en tres días y medio, y habló con
Sandoval, que ya había enviado a Cortés un informe, junto
con tres españoles de la flota recién llegada, de quienes se
había apoderado.

Venía aquella armada a las órdenes de un hidalgo que se
llamaba Pánfilo de Narváez, un hombre alto y de cuerpo membrudo, natural de Valladolid y casado en la isla de Cuba con
una dueña ya viuda que se llamaba María de Valenzuela, y
tenía buenos pueblos de indios y era muy rico.

Moctezuma, el emperador, dio hospitalidad a Cortés en su lujoso palacio.

Sigue la crónica de Bernal Díaz:

Narváez venía como lugarteniente de Diego Velázquez, el cual, aunque ya no obeso, pues había enflaquecido con los disgustos que le daba Cortés, conservaba desde los tiempos de su plenitud su tendencia a preferir que otros se moviesen antes que él, aunque fuera en su beneficio. El desdichado gobernador de Cuba había recibido la noticia del éxito de su rival en rebeldía.

Por Francisco de Montejo se había enterado del hallazgo de oro por Cortés, y cuando lo supo estando a cabo de siete meses con tantas congojas esperando la nueva dél, entró en cólera sin límites e intentó cortar el paso a la nave, mandando a su encuentro dos veloces carabelas bien provistas de artillería; pero Alaminos, que conocía bien aquellas aguas, consiguió escabullirse por las Lucayas y el canal de las Bahamas, fondeando finalmente en Sanlúcar en octubre de 1519.

Hay que aclarar que Montejo y Alaminos iban a España, por orden de Cortés, a fin de entregarle al monarca cierta cantidad de oro, plata y joyas de lo encontrado y recabado en México.

Cortés, entre dos fuegos

Naturalmente, la noticia de aquel desembarco, que él sabía era de gente adicta a Diego Velázquez, sin ningún género de duda puso a Cortés en grave aprieto. ¡Estaba atacado entre dos fuegos!

En ese momento no era ya una guerra de armas la que iba a entablarse entre Velázquez y Cortés, sino de misivas al emperador Carlos I.

Esas famosas cartas, son hoy para los historiadores una fuente inagotable de noticias acerca de lo que aconteció en aquella ocasión, amén de otros datos de singular relieve e importancia.

Cortés enviaba directamente a España, para presentarse ante Carlos I, dos agentes con unas naves «lastradas de oro». Velázquez hizo perseguirlas «como que llevan algo de su pertenencia». Lo que deseaba el gobernador de Cuba era que el oro llegase al emperador como procedente de sus manos.

Los soldados que iban con Narváez era mil cuatrocientos, entre los cuales se contaban ochenta jinetes, setenta arcabuceros y noventa ballesteros. En una tormenta se perdieron cincuenta hombres.

Pánfilo de Narváez, a la sazón, dio principio a sus fracasos. Hay que tener en cuenta que en el ejército de Cortés había partidarios suyos y partidarios de Diego Velázquez. Y Narváez envió recado a Velázquez de León, que por encargo de Cortés estaba en otra comarca, para que se pasase a sus tropas, pero De León siguió fiel a Cortés.

De todos modos, la expedición de Narváez era muy mala para Cortés, porque iba a obligarle a abandonar Tenochtitlán. De todas maneras, las operaciones no fueron rápidas, porque Narváez debía efectuar un largo recorrido antes de llegar adonde estaba Cortés «y llevárselo atado al gobernador», como le había prometido.

Otro de los fracasos de Narváez consistió en enviar a un cura con un escribano al capitán Sandoval en Veracruz para levantar un testimonio de la legitimidad de sus poderes. Sandoval, como buen militar, odiaba a los escribanos y maniató a los enviados, cura incluido, como bultos, y se los mandó a Cortés, cargados a hombros de indios, los cuales los acarrearon a través de las selvas con la rapidez propia de quien conoce su oficio. Cuando llegaron a su destino, Cortés los puso a buen recaudo.

Cortés estaba ahora en la obligación de salir al encuentro de Narváez y no vaciló. Pero sólo se llevó consigo a ochenta hombres. En Cholula se le incorporó Velázquez de León, a fin de ayudarle contra Diego Velázquez. Al final, sumó trescientos españoles más cuatrocientos indios fieles.

Hernán Cortés no tardó en tener espías en el campamento de Narváez, entre los cuales cabe destacar a Andrés de Duero, Usagre, Mino y el capitán Bermúdez. En realidad, no existía un frente entre ambos enemigos, aunque constantemente pasaban de un campamento al otro mensajeros... y también intrigantes.

El ataque definitivo

Antes de asaltar las posiciones de Narváez, Cortés hizo un discurso a sus soldados, que Bernal Díaz transcribió:

> *Era un parlamento por tan lindo estilo y plática tan bien dichas, cierto otra más sabrosa y llena de ofertas que yo aquí sabré escribir. Comenzó recordándoles cómo habían hecho propósito de conquistar y poblar, en lugar de limitarse a rescatar, según quería Velázquez; y cómo le habían elegido por su Capitán General y Justicia Mayor; entró después a relatar los trabajos, batallas, heridas y muertes que habían padecido hasta alcanzar la victoria; se venía la noche encima y era menester abreviar. Ahora venía este Pánfilo de Narváez y aún no había desembarcado y ya los llamaba traidores y enviaba a decir al gran Moctezuma no palabras de sabio capitán sino de alborotador; se atrevía a prender a un oidor de Su Majestad, gran delito digno de castigo y pregonaba en su real guerra contra nosotros a ropa franca como si fuéramos moros. Era, pues, necesario luchar por la honra y la vida, pues no sólo les venían a prender y a echar de sus casas y haciendas, sino que ade-*

más, si perdían la batalla y por ventura caían en manos de Narváez, todos sus servicios a Su Majestad se tornarían en deservicios y harían procesos contra ellos, diciendo que habían muerto y robado y destruido la tierra —sagaz interpretación entre la espada y la ley—, de modo que —fue su conclusión—, «como buenos caballeros somos obligados a volver por la honra de su Majestad y por las nuestras y nuestras casas y haciendas, y con esta intención salí de México, teniendo confianza en Dios y en vosotros. Todo lo pongo en las manos de Dios primeramente, y después en las vuestras. Veamos qué os parece».

Pero Madariaga cita al historiador Tapia, el cual da una versión de las palabras de Cortés, que serían éstas aproximadamente:

«Yo soy uno e no puedo hacer por más que uno; partidos me han movido que a sola mi persona estaban bien; e porque a vosotros os estaban mal, no los he aceptado; ya veis lo que dicen y pues en cada uno de vos está esta cosa según lo que en sí sintiese de voluntad de pelear o de querer paz, aquello diga cada cual e no se le estorbará que haga lo que quisiere. Veis, aquí me han dicho en secreto estos nuestros mensajeros cómo en el real de los contrarios se platica e tiene por cierto que vosotros me lleváis engañado a me poner en sus manos; por ende, cada uno diga lo que le parece.»

Y todos a una le dieron amplia satisfacción sobre este punto, rogándole después que fuese el primero en dar su opinión. Entonces, Cortés, con gran irritación real o fingida, dijo:

«Dígoos un refrán que se dice en Castilla, que es: muera el asno e quien lo aguija, y éste es mi parecer.»

Todos le aclamaron y lo llevaron en hombros hasta que les pidió que lo dejasen.

Entonces empezó a llover y Narváez, que había salido ya de su campamento para ir al encuentro de Cortés, retrocedió, creyendo que éste no le atacaría por el mal tiempo, pero el conquistador lo pensó mejor y exclamó:

—*Más vale pelear ahora, ya que con esta lluvia es imposible dormir.*

El asalto, en realidad, fue breve, y capturaron a Narváez con suma facilidad. Los hombres de éste no ofrecieron resistencia alguna y el único que quiso luchar realmente fue Narváez, y quedó tuerto en la pelea. Sus jinetes, traicionándole, habían desaparecido al comenzar el ataque. Pero al día siguiente se presentaron para rendirse.

Cortés era ya dueño de dieciocho buques y de todo el ejército de Narváez. Sin embargo, no tardaría en estar casi perdido.

Esta vez, Cortés no mandó «incendiar» las naves, pero sí les hizo quitar los timones y desembarcar «las aguas», que pueden ser las brújulas, aunque esto no ha podido ponerse en claro.

CAPÍTULO XIX

MOCTEZUMA, ACONGOJADO

Moctezuma seguía prisionero, aunque pasando por un soberano protegido, en Tenochtitlán.

Era Pedro de Alvarado quien le hacía compañía, manera almibarada de decir que le vigilaba estrechamente. Alvarado despreciaba al cautivo, y se lo daba a entender, llamándole muchas veces «perro».

Y precisamente fue Alvarado quien provocó la catástrofe.

Se acercaba un día de festejos, cosa muy corriente entre los aztecas, pero durante los mismos, estando reunidos en la ciudad las autoridades, los notables y muchos caciques indios, fue Pedro de Alvarado el que puso la gota que hizo rebosar el vaso, cometiendo una tremenda imprudencia.

Es el propio Bernal Díaz del Castillo quien relata lo ocurrido.

Pedro de Alvarado siempre había sido un hombre impulsivo y rudo. Salvo por su valentía, cualidad innegable en él, y su habilidad para saltar con los pies juntos por encima del brocal de un pozo hacia delante y hacia atrás, jamás se distinguió de los demás capitanes de Hernán Cortés. Sus ideas eran asaz limitadas y poco capaz de llevar a cabo una iniciativa propia.

Alvarado, pues, se hallaba solo en la residencia de los españoles sin poder hablar con nadie, y apenas con el perro Moctezuma, sin entender la lengua que se hablaba a su alrededor y sin otras vistas humanas que los cuatro centinelas y unas cuantas noticias confusas y escasas.

Un festejo espantoso

Cuenta Bernal Díaz que entre la multitud de sacrificios humanos de los aztecas —que los misioneros fueron después eliminando, aunque con grandes fatigas—, había uno especialmente terrible, el cual se celebraba en el mes de Toxcatl, el quinto calendario de aquella gente.

Era ésta la fiesta que se aproximaba y que tanto preocupaba a Alvarado, puesto que aquel día se reunirían en la capital muchos nobles con sus súbditos, y habría cánticos, danzas, sacrificio de sangre y borracheras.

Si los aztecas entregaban cada día a su dios Huichilobos cuerpos humanos y corazones arrancados, en aquella fiesta del mes de Toxcatl, dedicada al dios Tezcarepuca, habían elegido una víctima entre las demás víctimas humanas: era un joven escogido por su singular hermosura, así como por su habilidad en la música. Además de bello, aquella víctima particular debía ser elocuente y distinguirse por sus aptitudes de hablar bien, cantar y tocar la flauta.

Una vez designada la víctima un año antes, le dejaban satisfacer todos sus caprichos para compensarle por su próxima y atroz muerte, y luego, ya en vísperas del sacrificio, paseaban al muchacho por las calles de la capital, entre músicas y ornado con guirnaldas de flores. Le seguía un séquito brillante, esplendoroso. Y todos veían en él la imagen del dios Tezcatepuca. Finalmente, lo llevaban al ara del sacrificio, lo tendían sobre la losa, le abrían el pecho y le arrancaban el corazón, decapitándolo después. Luego, enterraban el cadáver con gran pompa.

Bernal Díaz se limitó a imaginar lo que pensaría Alvarado en aquellos momentos, puesto que no se hallaba presente en la capital, sino con Cortés combatiendo a Pánfilo de

124

Narváez. Y así, cuenta que de repente llegaron a Cortés las noticias de que Alvarado había hecho una gran matanza de indios en la plaza cuando estaban bailando para festejar al ídolo. Entonces, algunos jefes, locos furiosos, lanzaron el grito de guerra contra los españoles, sitiaron la residencia y cortaron el aprovisionamiento de agua, dando lugar a un sitio en toda regla.

Fueron unos enviados de Moctezuma quienes informaron a Cortés, y según ellos, Pedro de Alvarado, hombre valiente pero carente de imaginación, al verse entre tantos brujos de tribu, tantos plumajes y tantos gritos extraños, pensó que se avecinaba una matanza como la que Cortés había impedido en Cholula, atacando a los indios antes de que éstos le atacaran a él.

Queriendo, pues, imitar a Cortés, fue hacia el sitio donde bailaban para celebrar ya el próximo sacrificio, hizo rodear la plaza en silencio, y lanzó luego a sus soldados contra los indios indefensos.

Al verse agredidos, los indios tuvieron que defenderse. Un jefe, con un gorro emplumado, lanzó el gran grito de guerra y reunió en torno suyo a toda su tribu. Los españoles continuaron derribando indígenas, pero al ver Alvarado lo que se le venía encima, ordenó replegarse hacia la residencia. Allí, Alvarado resistió el ataque indio como un héroe, y así se presentó ante Cortés, el cual tuvo que hacer frente a un enorme peligro y no tuvo ni tiempo para recriminarle a Alvarado su imprudente acción.

Además, Alvarado estaba herido. Gracias a la vuelta de Cortés, a marchas forzadas, Alvarado logró comunicarse con el exterior, pero al paso de Cortés, todas las calles quedaron sospechosamente desiertas.

La tormenta estaba a punto de estallar, y no en el cielo sino en la tierra.

Cortés relata de esta manera la situación:

... y volvió un mensajero todo descalabrado y herido dando voces, que todos los indios de la ciudad venían de guerra y que tenían todas las puentes alzadas: e junto tras él da sobre nosotros tanta multitud de gente por todas partes, que ni las calles, ni azoteas se parecían con gentes; la qual venía con los mayores alaridos, y gritos más espantables, que en el mundo se puede pensar: y eran tantas las piedras que nos echaban con hondas dentro en la fortaleza, que no parecía sino que el cielo las llovía; e las flechas y tiraderas eran tantas, que todas las paredes y patios estaban llenos, que casi no podíamos andar con ellas. E yo salí fuera a ellos por dos o tres partes, y pelearon con nosotros muy realmente, aunque por la una parte un capitán salió con doscientos hombres, y antes que se pudiese recoger, le mataron quatro y hirieron a él y a muchos de los españoles. E nosotros matamos pocos de ellos, porque se nos acogían de la otra parte de las puentes y desde las azoteas y terrados nos hacían daño con piedras, de las quales ganamos algunas y quemamos. Pero eran tantas y tan fuertes y de tantas gentes pobladas, y tan bastecidas de piedras y otros géneros de armas, que no bastábamos para que las tomar todos, ni defender, que ellos no nos ofendiesen a su placer. En la fortaleza daban tan recio combate que por muchas partes nos pusieron fuego, y por la una se quemó mucha parte de ella, sin la poder remediar, hasta que la atajamos cortando las paredes, y derrocando un pedago, que mató el fuego. E si no fuera por la mucha guardia que allí puse de escopeteros y ballesteros y otros tiros de pólvora, nos entraran a escala vista, sin los poder resistir. Así estuvimos peleando aquel día, hasta que fue de noche bien cerrada; e aun en ella no nos dejaron sus gritos y rebato hasta el día. En aquella

noche hice reparar los portillos de aquello quemado y todo lo demás, que me pareció, que en la fortaleza había flaco: e concerté las estancias y gente que en ellas había de estar, y la que otro día habíamos de salir a pelear fuera; e hice curar los heridos que eran más de ochenta.

CAPÍTULO XX

LA NOCHE TRISTE

Cortés penetró en México el 25 de junio, en medio de un ambiente de gran hostilidad, aunque más bien sorda. Confiaba en su nutrido ejército, y en los hombres de Narváez que se habían pasado a sus filas.

Y tan seguro estaba de sí mismo que ni se dignó responder al saludo de Moctezuma.

De repente, una tropa de sublevados, que estaba comandada por Cauahtemoc, sobrino de Moctezuma, irrumpió en actitud francamente hostil. La lucha había empezado.

Y se trabó un combate feroz, formidable e insensato. Los mexicanos, llenos de furor por la vergüenza de haberse dejado arrebatar su ciudad, disparaban flechas a millares sobre todo español que se asomaba a la calle.

A su vez, recibían estoicamente los disparos de los arcabuces que causaban innumerables víctimas. El que caía era reemplazado por otro que se hacía matar en el mismo sitio.

Para detener la furia de los mexicanos, Cortés le pidió a Moctezuma que se presentara a sus súbditos en una azotea del cuartel y les ordenase retirarse.

El débil monarca se apresuró a complacer a Cortés, y ataviado con las galas imperiales apareció ante los mexicanos, los cuales quedaron absortos a la vista de su Emperador.

Repuestos de su asombro, acogieron su presencia con vítores y aclamaciones que impidieron oír su voz, y ello sirvió sólo para dar más bríos a los revoltosos.

Algunos indios dirigieron entonces sus flechas y pedradas a los españoles que rodeaban a Moctezuma, aunque aquellas armas arrojadizas poco podían contra las cotas de malla y las férreas armaduras.

Pero unas flechas mal dirigidas alcanzaron a Moctezuma, quien, no poseyendo las defensas de los españoles, quedó malherido. Una gruesa piedra le dio en la frente y el desdichado monarca cayó en brazos de los soldados que le rodeaban.

Los mexicanos, al darse cuenta de la sacrílega acción, que podía acarrear la muerte a su soberano, mudos de terror y confusos, suspendieron el ataque y emprendieron la retirada.

Unos minutos más tarde, la soledad y el silencio rodeaban el cuartel, mientras Moctezuma agonizaba en su lecho, ante un Cortés abatido respetuosamente. Poco después, Moctezuma exhalaba el último suspiro.

Mucha tinta ha corrido para explicar esta muerte. Le leyenda negra la ha achacado a Cortés, incluso se ha hablado de un veneno suministrado a Moctezuma, aprovechando su débil estado a causa de las dos heridas recibidas. Otros aseguran que mientras estuvo tan gravemente herido se negó a tomar cualquier clase de alimento, avergonzado moralmente por la condición tan humillante en que había caído...

Todo son conjeturas y el misterio rodea la muerte del emperador azteca, como parte del gran misterio que envuelve muchos de los actos llevados a cabo por Cortés en México, y que muchos atribuyen a «milagro».

Sea como sea, lo único cierto es que Moctezuma había muerto y que Cortés envió emisarios a los aztecas, dándoles cuenta de aquella muerte y poniendo el cadáver a su dispo-

Hernán Cortés observaba las costumbres de los aztecas y calculaba su poderío antes de atacarlos de frente.

sición, no sin afearles vivamente la villana acción de haberle herido por sus manos, y anunciándoles que quedaba encargado por el difunto monarca de castigarlos por aquel crimen de lesa majestad, si no se avenían a rendir vasallaje al caudillo español.

En el cuartel se presentó una numerosa comisión de altos dignatarios del Imperio, rodeados de un brillante séquito de guerreros aztecas, en actitud medio amistosa, medio hostil, para recoger el sagrado cadáver del soberano.

Los españoles lo entregaron respetuosamente, y le rindieron los honores correspondientes a los reyes.

Los mexicanos, por su parte, lo recibieron con lágrimas de tristeza y vergüenza. Y durante unos días, la paz más completa reinó entre españoles y aztecas. Pero se trataba de una calma aparente.

Los mexicanos, preocupados solamente por el entierro del Emperador y por la elección de un sucesor, no podían pensar en molestar a los españoles.

Estos se mantenían a la expectativa, mientras los jefes deliberaban sobre la conveniencia de volver con todo el ejército a Veracruz, en espera del socorro de mayores fuerzas y elementos de combate para la definitiva conquista del codiciado territorio azteca.

Terminadas las ceremonias fúnebres que la ciudad de México tributó a Moctezuma, y elegido como nuevo emperador el hermano del muerto, Quetlavaca, personaje de relevantes cualidades personales, los indios volvieron a molestar a los españoles con frecuentes escaramuzas que solían degenerar en verdaderos combates.

El 10 de julio de 1520

Estaban los españoles obligados a no poder salir de su reducto más que en grupos numerosos de infantes, caballos y arcabuces, y aun así, siempre que lo hacían eran atacados por los aztecas. La situación era insostenible.

El nuevo Emperador, en un acto de solemne desdén, ni siquiera se molestó en notificarle su elección a Cortés. Todo México respiraba odio y hostilidad contra los españoles. Y Cortés resolvió la marcha del ejército a Veracruz.

Para ello se señaló la noche del 10 de julio de 1520, noche fatal para las armas españolas y que recuerda la Historia con el lúgubre calificativo de Noche triste.

Poco antes de medianoche salió la hueste del cuartel, llevando cuanto tenían los españoles en él, tanto en armas como en víveres y en las bolsas y mochilas los tesoros que habían recogido en oro y pedrerías, la mayor parte regalos del emperador Moctezuma.

Salieron en buen orden de la ciudad, aunque soportando los insultos de algunos grupos de aztecas que les llamaban ladrones y asesinos.

Se reunieron en las afueras con sus auxiliares tlascaltecas y emprendieron juntos el camino de la calzada de Tacuba, que encontraron cortada en algunos sitios por haber destruido los mexicanos los puentes de madera que en tales lugares estaban construidos, para permitir la circulación de las piraguas por debajo de ellos entre uno y otro lado del lago.

Los tlascaltecas se vieron obligados a instalar el puente portátil que en previsión de este accidente habían construido por orden de Cortés, mientras que el ejército español se veía obligado a combatir desesperadamente contra tres numerosos ejércitos aztecas que les atacaban por retaguardia y por los flancos desde las aguas del lago, en número incalculable.

A los dos lados de la calzada, millares y millares de canoas, tripuladas por cuatro, seis y hasta ocho indios, hacían llover sobre los españoles una espesa granizada de piedras, flechas y otras armas arrojadizas.

Por retaguardia, las tropas regulares del ejército mexicano, sedientas de sangre española, y deseosas de vengar los estragos que en anteriores encuentros con ellos habían producido las tropas de Cortés, peleaban con gran furia para arrebatar al ejército español los cañones.

Las piezas de artillería no podían maniobrar en la estrechez relativa de la calzada. Los caballos, que por precisión debían ser llevados de las bridas, más bien constituían una impedimenta que un medio de ofender al enemigo.

Éste, envalentonado por estas circunstancias que no se le ocultaban, redobló su furor y su valentía naturales.

Por fin, los mexicanos consiguieron romper el orden de batalla de sus adversarios, de manera que cada uno de los soldados se vio obligado a luchar cuerpo a cuerpo con varios enemigos a la vez.

Las pérdidas mexicanas no era posible contarlas, pero también los soldados de Cortés quedaron diezmados de tal suerte, que se calcula que perecieron la mitad de los efectivos humanos.

Los soldados que salvaron la vida salieron todos heridos o contusionados, sin exceptuar al mismo Cortés.

Por fin, al amanecer, Cortés, con gran pericia y valor, logró reunir los restos de su maltrecho ejército, más allá del paso de la calzada, junto a Tacuba.

Cuando pasó revista a su tropa vio que faltaban más de quinientos hombres, y el resto, que llegaría apenas a cuatrocientos, lo constituían heridos, cansados y despechados por la derrota que acababan de sufrir, tristes por el recuerdo de sus compañeros, sucumbidos bajo el empuje de los mexicanos.

El mismo Cortés tuvo momentos de desaliento mortal. El desastre había sido espantoso, pues además de las bajas señaladas, habían muerto cuatro mil tlascaltecas auxiliares y buen número de caballos; se perdió asimismo toda la artillería y sólo quedaron siete arcabuces.

El ejército, sin contar los tlascaltecas, se vio reducido a sólo cuatrocientos cuarenta hombres.

A la tristeza de la retirada se unía el conocimiento de que los muertos españoles eran mucho más felices que los que habían caído prisioneros de los aztecas, destinados a los sacrificios, que morirían cruelmente torturados seguramente. Como mínimo, les aguardaba el fatal destino de serles arrancado el corazón.

CAPÍTULO XXI
LA RETIRADA

Siempre Bernal Díaz es quien lleva el hilo conductor de cuanto sucedió en la conquista de México; y en la retirada que Cortés y los suyos efectuaron de la capital del imperio del fallecido Moctezuma, fue testigo presencial, acompañando a Cortés.

Según él, las cosas ocurrieron de esta manera:

La muerte de Moctezuma dio lugar a conversaciones entre indios y españoles, y Cortés mandó decirle al caudillo rebelde Cuitlahuac que ahora debían nombrar otro emperador, aconsejando a los aztecas notables nombrar al primo de Moctezuma, preso de los españoles.

Naturalmente, los rebeldes no le hicieron caso, pues no querían nada procedente del campamento español, pero cuando recibieron el cadáver de Moctezuma lloraron sobre él, «que bien oímos los gritos y aullidos que daban».

Según otro historiador, fray Bernardino de Sahagún, «después quemaron el cadáver de su emperador y el del gobernador de Tlatelolco, que también había muerto, según los ritos prescritos por el ceremonial».

Cortés no pensaba rendirse, y en medio de la terrible amenaza que se cernía sobre él, todavía logró llegar hasta las comunicaciones de tierra firme y puso centinelas en la calzada de Tlacopán. Finalmente, el día 30 llegaron a la orilla del lago.

Los españoles iban debilitándose día a día, siempre según Bernal Díaz, en tanto que las fuerzas de los mexicanos iban en aumento. Los españoles eran atacados día y noche, y disminuía la pólvora, faltando el agua y las provisiones de boca. Entonces, Cortés decidió emprender la retirada, y para facilitarla se discurrió una estretagema: mediante un sacerdote prisionero, que pertenecía a la clase de los llamados «papas», dijeron al enemigo que les permitiesen retirarse al cabo de ocho días y ellos, a cambio, devolverían todo el oro. Con esto, daban a entender que no pensaban emprender la retirada aquella misma noche, como planeaba Cortés.

Los soldados estaban impacientes. Uno de ellos, llamado Botello, «gran latinista y nigromante, que había estado en Roma», hizo correr el rumor de que aquélla era la noche favorable para escapar, pues así lo proclamaban las cartas.

A aquel hombre le llamaban Botello el Astrólogo y ya había profetizado que algún día Cortés se vería desprovisto de todos sus honores, si bien luego volvería a recuperarlos siendo de nuevo «gran señor y de grandes rentas».

Se empezó por construir un gran puente con grandes vigas y cuerdas, transportable a pesar de su peso, para llevarlo al sitio de la laguna donde los indios habían hundido los puentes. Para llevarlo se designaron a cuatrocientos indios tlascaltecas. Fue una gran suerte que no hubiesen desertado, pero el odio que sentían por los aztecas salvó a los españoles.

La artillería la llevarían entre cincuenta soldados y doscientos cincuenta tlascaltecas. Al frente, luchando, irían Francisco de Acevedo, Gonzalo de Sandoval, Francisco de Lugo, Diego de Ordás y Andrés de Tapia. Se habían sumado otros capitanes de la frustrada expedición de Narváez, los cuales ahora estaban en medio de un tremendo peligro, puesto que apenas acababan de hacer la paz con Cortés, se hallaban en medio de una guerra salvaje, casi sin esperanzas.

A retaguardia irían Velázquez de León y Pedro de Alvarado, aunque Cortés ya no confiaba mucho en éste. En medio de los soldados iban dos mujeres, según Bernal Díaz: la india doña Marina y una tal doña Luisa.

Moctezuma rindiendo vasallaje al principio de la estancia de Hernán Cortés en su ciudad.

Cuando iban a salir, Cortés mandó reunir una enorme cantidad de oro en medio de la sala de la residencia, contra cuyas paredes se oían los golpes de las pedradas y de las flechas incendiarias de los enemigos.

Luego, designó a unos «oficiales del rey» para que hiciesen el recuento y apartasen todo el oro que correspondía a Su Majestad.

Para llevar el oro, se cogió a siete caballos heridos y cojos, retirados de la lucha, a los que custodiarían ochenta indios tlascaltecas. Casi todo el oro estaba en lingotes y no fue posible cargarlo todo. En el edificio que abandonaron quedó mucho más, pero ante todo era importante salvar la vida.

Cortés, al ver tanto oro, exclamó:

—Se lo doy a los soldados que lo quieran tomar, porque va a quedar aquí abandonado.

Y muchos soldados cargaron con cuanto oro pudieron. Y Bernal Díaz sigue:

Por mi parte, nunca tuve apetito de oro, sino más bien solicitud para salvar mi vida, la cual estaba en grave peligro, pero no dejé de poner en una cajita cuatro «chalchiuitas», o piedras muy apreciadas por los indios, que me coloqué dentro del pecho, entre la coraza. Tiempo más tarde, aquellas cuatro piedras preciosas me fueron de gran utilidad para cuidarme y poder comer con el precio que saqué dellas.

Fue poco antes de medianoche, en una noche muy tenebrosa, con niebla y llovizna. Los españoles habían realizado toda la maniobra en silencio y en orden perfecto, pero fueron descubiertos por los centinelas y se oyeron las voces de alerta:

—¡Tatelulco! ¡Tatelulco! Salid pronto con las canoas. ¡Los teules —así llamaban a los españoles— escapan! ¡Detenedlos en los puentes!

Se trabó otro combate feroz. Muchos soldados ya habían pasado cuando una gran muchedumbre de indios se lanzó al asalto para arrebatarles el puente a los españoles.

«Como una desgracia nunca viene sola —continúa Bernal Díaz—, dos caballos de los nuestros resbalaron y se espantaron.»

Los jinetes caían en la laguna, con numerosos soldados, la mayoría de los cuales no sabía nadar, cosa corriente en aquella época, cuando, a causa de las prohibiciones religiosas, la gente no se bañaba casi nunca en el mar, por considerarse pecado exhibir algún centímetro de carne, aunque fuese en provecho del dios marino Neptuno. Y, de pronto, el improvisado puente se hundió.

Por todas partes resonaban gritos y ayes de los moribundos, a los que no podía salvarles el oro que llevaban encima, y que algunos no querían soltar en modo alguno. Unos invocaban a la Virgen María y otros a Santiago.

Los que lograron escapar de las aguas y asirse a tierra firme gracias a algún asidero, eran despedazados por los enfurecidos indios.

«Tal vez había cierto orden en nuestra salida, tal como la habíamos concertado, pero lléveme el diablo si continuamos en dicho orden.»

Añade Bernal Díaz que vio pasar a Cortés y a sus capitanes que corrían para ponerse a salvo, lo que constituye una grave afirmación.

Pese al furor del ataque, los indios no aguardaban a pie firme a los españoles, que se abrían camino peleando, pero cuando tropezaban sobre la calzada con un escuadrón de indios y se lanzaban al cuerpo a cuerpo, los indios se arrojaban al agua.

El mayor peligro venía de las canoas, de donde caía una verdadera lluvia de flechas y dardos sobre los hombres que

141

peleaban en tierra firme. Los caballos eran una riqueza inapreciable que no se debía perder, por lo que los preservaban a toda costa. En el país no los había y en la refriega, tan valiosos animales disminuían, empero, de forma alarmante. Si el ejército quedaba desmontado todo se paralizaría.

La noche era tan oscura que no permitía usar las armas de fuego, por lo que la infantería pasó a luchar a cuchilladas.

CAPÍTULO XXII
LA VERSIÓN DE CORTÉS

Cortés, en sus misivas al Emperador, dio unos detalles ciertamente instructivos acerca de la batalla callejera que tuvo lugar antes de la retirada. Los indios, según Cortés, luchaban furiosamente pues conocían la resistencia ilimitada de los soldados españoles.

También es interesante que Cortés pusiera de relieve el peligro de que otros indios de fuera de la capital pudieran sumarse poco a poco al movimiento de los indios capitalinos.

Cortés también describió que, antes de salir de la ciudad, los españoles construyeron tres torres de asalto para aproximarse mejor a las azoteas de las casas y desalojar de allí a los indios.

> *Y los que iban dentro (de las torres) eran ballesteros y escopeteros, y los demás llevaban picos y azadones y varas de hierro para horadarles las casas y derrocar las albarradas (trampas) que tenían puestas en las calles.*

El famoso salto de la garrocha de Pedro de Alvarado

Se habló ya de la habilidad circense que poseía Pedro de Alvarado para saltar a pies juntos sobre el brocal de un puente, y con ocasión de la retirada de las tropas españolas de México, pudo poner en práctica de nuevo tal habilidad. Según cuentan Díaz de Solís y otros, que en realidad no lo vieron ocularmente, «Alvarado, apoyando la punta de su lanza en el fondo de la laguna, saltó a la garrocha por encima del puente hundido la enorme distancia que le separaba de la otra orilla, lo que fue una hazaña realmente extraordinaria».

Pero según Bernal Díaz del Castillo nadie le vio saltar en aquella ocasión:

> ... *porque en la triste puente en que dicen tuvo lugar el salto de Alvarado, ningún soldado, os lo aseguro, en aquella ocasión, se detuvo para ver si saltaba poco o mucho, pues bastante teníamos que hacer con mirar por salvar nuestras vidas, ya que los enemigos eran en gran número. No podíamos, pues, en esa coyuntura, ver ni razonar en materia de saltos. Y debió ser, que como él mismo se lo dijo a Cortés, agarrado a sus cajas, a los caballos y a los cuerpos muertos, Pedro de Alvarado franqueó el paso, pues aunque hubiese querido saltar con su lanza a la garrocha, el agua era muy profunda, y no hubiese podido hincarla en el fondo de manera de poder apoyarse.*
>
> *Además, la distancia era demasiado grande para poderla franquear por muy ágil que fuese. Sostengo, por tanto, que no pudo saltar sobre su lanza ni de otro modo, ya que cosa de un año más tarde, cuando volvimos a sitiar y tomar México, me encontré tantas y tantas veces batallando con los mexicanos en aquel lugar donde habían hecho bastiones y murallas secas, y que hoy se llama la «Puente del Salto de Alvarado», y muchos soldados opinan también sobre ello que no se halla razón ni agilidad de hombre para poderlo saltar.*
>
> *Digo esto porque algunos, sin haberlo visto nunca ni haber estado allí, se obstinan en sostener que la noche en que salimos huyendo, el Pedro de Alvarado saltó efectivamente aquel trecho de agua. Y a fin de*

*que la cosa se vea claramente, el puente está allí aún,
y el agua al mismo nivel de antes y tan profunda que
una lanza no podría llegar al fondo.*

*Y porque los lectores sepan que en México había
un soldado que se decía Fulano de Ocampo, que fue
de los que vinieron con Garay, hombre de mucha
labia y que se preciaba de hacer libelos infamato-
rios y otras cosas a manera de pasquines, y puso en
ciertos libelos a muchos de nuestros capitanes cosas
feas, que no son de decir no siendo verdad, entre
ellos, además de otras cosas que dijo de Pedro de
Alvarado, dijo que había dejado morir a su compa-
ñero Juan Velázquez de León con más de doscientos
soldados, y los de a caballo que le dejamos en retaguardia y se escapó él, y por escaparse dio aquel
gran salto, como suele decir el refrán: «Saltó y escapó
con vida.»*

Por tanto, el salto de Alvarado fue, en realidad, una huida
cobarde y vergonzante.

Claro que como Bernal Díaz no dio muestras en sus escri-
tos de sentir mucha simpatía hacia Pedro de Alvarado, tal vez
sea cierta la versión de los demás historiadores y cronistas.

En Tacuba

La comarca que circundaba la laguna de Mexitli era algo
más segura, y los españoles lograron al fin refugiarse en
Tacuba, aunque no fue fácil allí, pues «los indios escondidos
en los maizales, remataban a los heridos que iban quedando
atrás».

Una vez en territorio tlascalteca, los supervivientes se refu-
giaron en un templo-fortaleza, donde podían albergarse
muchos hombres y donde, después de la conquista de México,
se erigió una iglesia dedicada a Nuestra Señora de los
Remedios.

Pero los mexicanos estaban tan enfurecidos que, cosa inaudita, penetraron en el territorio tlascalteca para asaltar el susodicho templo.

Por otra parte, los españoles carecían de víveres, y los soldados de la expedición de Narváez, que habían asistido al Anahuac sin estar fogueados, al ver los montones de oro en la residencia perdieron la cabeza.

El «astrólogo» Botello también pereció en aquella retirada, así como los hijos de Moctezuma y otros prisioneros indios que llevaban los españoles.

Lo cierto es que la retirada de Hernán Cortés, tal como lo describieron, no sólo Bernal Díaz, sino otros cronistas, coincidiendo todos en los detalles más importantes, fue una hazaña casi comparable a la de Aníbal al pasar los Alpes.

Según Bernal Díaz, después de cenar un caballo muerto, repartido en raciones entre varios centenares de hombres, y de dormir un par de horas en el mismo seno del peligro, los centinelas despertaron a aquella tropa con la noticia de que los mexicanos les aguardan a la salida del pueblo, en orden de combate, en número incontable, dispuestos a liquidar a todos los españoles.

Entonces, Hernán Cortés repitió la orden que ya diera en el camino de ida, cuando tuvo que luchar contra los que ahora eran sus aliados, los tlascaltecas:

—¡Herid a matar! Procurad pasar sea como sea, a visera calada, sin entretenerse en atacar; no herid más que lo justo para atravesar su muralla humana. Nos encomendamos a Dios y a Santa María, invocando el nombre de nuestro señor Santiago.

Culminada la conquista, Hernán Cortés fue nombrado por el Rey Capitán General y Gobernador de Nueva España.

CAPÍTULO XXIII

CORTÉS EN OTUMBA

Sin detenerse más que unas breves horas en Tecuzco, el diezmado ejército emprendió el camino de Tlascala, no sin que antes Cortés, buen jefe, hubiese procurado curar de primer intento a los heridos, dirigiendo a todos una arenga emocionante, recordando a los que habían perecido luchando gloriosamente y animando a los supervivientes a no desmayar en la empresa y a procurar que el pasado escarmiento sirviese para tornarlos más previsores y excitase en ellos el deseo de un honroso desquite.

Al cuarto día de viaje desde la salida de Tecuzco, los exploradores tlascaltecas, que precedían al ejército, enviaron uno de ellos al general para que le advirtiese que en el valle de Otumba, por donde debían de cruzar a fin de llegar a Tlascala, si querían evitar un largo rodeo, por entre abruptas y peligrosas montañas, esperaba a los españoles un gran ejército mexicano, más numeroso «que las arenas de la playa y que las estrellas del firmamento».

Tratando de solucionar el asunto, Cortés se reunió con sus capitanes Alvarado, Olid y Sandoval, y los cuatro determinaron pasar adelante, confiando en la victoria, pues estaban en campo abierto donde la escasa caballería podría maniobrar con entera libertad, funcionando convenientemente las bocas de fuego.

La batalla de Otumba, (7 de julio de 1520)

Mandó Cortés que se detuviese un fuerte destacamento tlascalteca, al que confió los bagajes e impedimenta, y él se adelantó con sus cuatrocientos cuarenta españoles, a los que arengó con su acostumbrado entusiasmo, y mostrándoles la ocasión de desquitarse del pasado desastre.

Muy pronto llegaron los españoles a la entrada del valle, donde esperaba su paso una inmensa multitud de indios aztecas, que creían poder aplastar al pequeño ejército de guerreros blancos que, a su juicio, debían estar desorganizados y maltrechos.

Los historiadores hacen subir a doscientos mil el número de indios, cantidad más que suficiente para aplastar, aunque fuese con el sacrificio de una cantidad más que respetable de indios, al pobre ejército español.

El choque fue muy rudo y los españoles, aguijoneados por el deseo de venganza, realizaron prodigios de valor y coraje.

Las espadas y las lanzas de aquellos veteranos brazos españoles, sembraban la muerte entre los aztecas, que esperaban hallar sólo una débil resistencia.

La vanguardia del ejército mexicano se vio muy pronto obligada a replegarse en la mayor confusión, cayendo sobre el grueso del ejército que avanzaba en masa para acabar la supuesta derrota de los españoles.

Mezclados los indios que avanzaban con los que huían, formaron un confuso y enorme montón donde nadie se entendía, estrujándose unos a otros, e imposibilitando el uso de sus armas.

En el centro de aquella barahúnda, sin cesar hostigada por las repetidas descargas de los arcabuceros de Cortés, aparecía un grupo de indios que se distinguía de los demás por la asombrosa riqueza de sus atavíos, la brillantez de los plumajes que adornaban sus fieras cabezas y el aire de mando y superioridad que les caracterizaba.

150

Rodeaban a uno, que tal vez era el jefe superior de los mexicanos y que empuñaba un estandarte adornado de plumas y bordados, insignia del ejército que tenían los indios en veneración especial.

Cortés sabía por referencias adquiridas durante sus anteriores campañas que los mexicanos cifraban todo el éxito de sus batallas en la conservación o la pérdida de su estandarte insignia, por lo que, reuniendo a su pequeña tropa de caballeros, les señaló con la punta de su espada aquel objeto como presa que habían de conquistar.

Poniendo, pues, espuelas a los enardecidos corceles, hendieron el compacto muro de carne india que se oponía a su paso y que se deshacía ante los caballos como se deshace la nieve al sol, y llegando al grupo de los indios distinguidos, repartiendo mandobles y tajos a porfía, llegó Cortés a apoderarse del estandarte, tras atravesar de una certera estocada el pecho desnudo del indio que lo sostenía.

Esto fue la señal de la fuga y dispersión de los mexicanos, a quienes acuchillaron sin piedad los españoles, en su tremenda persecución, muriendo asimismo una gran parte a manos de los tlascaltecas que deseaban vengar la muerte de sus hermanos en la desastrosa retirada de México.

La batalla de Otumba fue, sin duda, la más sangrienta de aquella conquista. Todavía muchos años más tarde, removiendo los terrenos anexos al valle donde se libró la batalla, se encontraron cráneos y osamentas que procedían de aquella hecatombe.

He aquí cómo el propio Cortés nos la cuenta:

> ... *Y así caminando, siguiéndonos todavía los Indios en harta cantidad, los cuales pelearon con nosotros tan reciamente, que hirieron quatro o cinco españoles, y otros tantos caballos: y nos mataron un caballo, que aunque Dios sabe quánta falta nos hizo, y quánta pena recibimos, con habérnosle*

muerto, porque no teníamos, después de Dios, otra seguridad, si no la de los Caballos, nos consoló su carne, porque la comimos, sin dejar cuero, ni otra cosa de él según la necesidad que traíamos: porque después que de la gran ciudad salimos ninguna otra cosa comimos, sino maíz tostado, y cocido: y esto no todas vezes, ni abasto, y yervas, que cogíamos de el campo. E viendo que de cada día sobrevenía más gente y más recia, y nosotros íbamos enflaqueciendo, hice aquella noche que los heridos, y dolientes, que llevábamos a las ancas de los caballos, y a cuestas, hiciesen maletas, y otras maneras de ayudas como se pudiesen sostener, y andar, porque los caballos y españoles sanos estuviesen libres para pelear. Y pareció que el Espíritu Santo me alumbró con este aviso, según lo que al día siguiente sucedió; que habiendo partido en la mañana siguiente del aposento y siendo apartados legua y media de él, yendo por el camino, salieron mucha cantidad de indios, y tanta que por la delantera, lados ni rezaga, ninguna cosa de los campos que se podían ver había de ellos vacía. Los quales pelearon con nosotros tan fuertemente por todas partes que casi no nos conocíamos unos a otros, tan juntos, y envueltos andaban con nosotros. Y cierto creímos ser aquel el último de nuestros días, según el mucho poder de los indios, y la poca resistencia que en nosotros hallaban por ir como íbamos muy cansados, y casi todos heridos, y desmayados de hambre. Pero quiso nuestro Señor mostrar su gran poder y misericordia con nosotros; que con toda nuestra flaqueza quebrantamos su orgullo y muchas personas muy principales y señaladas; porque eran tantos que los unos a los otros se estorbaban, que no podían pelear ni huir. E con este tra-

bajo fuimos mucha parte del día, hasta que quiso
Dios, que murió una persona de ellos, que debía
ser tan principal que con su muerte cesó toda aque-
lla guerra...

Como puede verse, la fe en la Providencia por parte de
Cortés es infinita. Recuerda los primeros cronicones medie-
vales, como por ejemplo los referentes a la batalla de
Covadoga, ganada milagrosamente contra los moros.

CAPÍTULO XXIV

FIN DEL PODERÍO AZTECA

La batalla de Otumba señaló una determinación. Sin embargo, era imposible pensar en volver a ocupar México. Cortés contó los hombres que le quedaban: cuatrocientos cuarenta españoles, con veinte caballos, doce ballesteros y siete escopeteros.

Y aquel puñado de hombres, gracias sobre todo al odio que sus aliados tlaxcaltecas sentían por los aztecas, consiguió conquistar un territorio inmenso casi, podría decirse, con un esfuerzo mínimo, en comparación con lo mucho que se consiguió.

Acto seguido, bajo la dirección de Hernán Cortés, se inició una conquista sistemática de las orillas de la laguna de Mexitli, apoyados por los tlaxcaltecas, que ya se consideraban, de hecho, súbditos de Carlos I.

Una vez en Tlaxcala, los españoles fueron bien recibidos y curados los heridos. Luego, Hernán Cortés regresó a las tierras de la laguna como si llevara consigo legiones de hombres.

Es cierto que Cortés recibió algunos refuerzos pero, en conjunto, su tropa era realmente muy reducida.

Y las nuevas operaciones empezaron con una embajada del jefe mexicano Cuitlahuac, que solicitaba alianza con los tlaxcaltecas.

Pero ya era tarde, porque los días del poder azteca estaban contados.

En efecto: Cortés emprendió una campaña sistemática, metódica y prudente, que se compagina bien con su etapa de madurez militar, seguramente debida a las experiencias del pasado al luchar contra los indios del país.

Muerte de Cuitlahuac

Por aquellos días, Cortés recibió un cargamento de material que traía de España Juan de Burgos.

De repente, hubo una epidemia de viruela, enfermedad casi siempre mortal en aquel tiempo, y el jefe de la resistencia azteca, Cuitlahuac, murió a causa de la misma. Le sucedió el caudillo Cuauhtemoc, sobrino de Moctezuma.

Fue entonces cuando Cortés juzgó llegado el momento propicio para desencadenar un segundo ataque contra la ciudad de Tenochtitlán, de acuerdo con un plan bien meditado.

Así, los españoles construyeron trece bergantines. Cortés, por su parte, contaba ya con quinientos cincuenta infantes, ochenta ballesteros y escopeteros, y nueve piezas de artillería pesada. Y las operaciones empezaron preparando una base en el valle, como preludio del asalto a la laguna. En el valle de México tenían un aliado: el príncipe Ixtlilxochitl, que el 31 de diciembre facilitó la entrada de los españoles en la ciudad de Tezcoco, o Texcuco.

La ofensiva contra México

Sin tener en cuenta ciertos turbios manejos a cargo de Diego Velázquez, que pretendía indisponer a Carlos I con Cortés, hasta el punto de enviar a un tal Pedro Barba al país mexicano para apoderarse del conquistador en nombre del rey, intento que fracasó como el anterior de Narváez, había llegado el instante de pasar a la acción decisiva para apoderarse ya para siempre de la gran capital Tenochtitlán.

Bernal Díaz lo relata de este modo:

> Cortés dio a Pedro de Alvarado el mando de ciento cincuenta españoles, soldados de espada y rodela, y

algunos lanceros. Iban en esta unidad, Jorge de Alvarado, hermano de Pedro, Gutierre de Badajoz y Andrés de Monjaraz. Los tlascaltecas auxiliares eran ocho mil. Eran éstos los que debían adueñarse de la ciudad de Tacuba.

Cristóbal de Olid mandaba ciento setenta españoles, con el correspondiente acompañamiento de tlascaltecas, y Sandoval llevaba un efectivo semejante.

Era el 11 de mayo de 1521. Todo estaba ya a punto para una gran ofensiva sobre la región de la laguna. De pronto, Hernán Cortés recibió la noticia de que Chicotenga el Joven, muy ambicioso, había aprovechado la ausencia de los principales guerreros de Tlascala para hacerse con el gobierno.

Una guerra civil entonces era una puñalada trapera para los españoles.

Con ello podía peligrar la ofensiva contra México. Pero Cortés no se arredró. Envió cuatro alguaciles a detener a Chicotenga, señor feudal que bajo su poder tenía a miles de guerreros, y los alguaciles lograron detener al jefe rebelde y ahorcarle a continuación.

Y otra vez se volvió a luchar en las calles y en los puentes, como en la «Noche triste», pero ahora con ventaja para los españoles gracias a sus bergantines. Pero, en esta ocasión, Cortés fue herido en una pierna.

Según Bernal Díaz, el infatigable cronista, ocurrió de esta manera:

Viendo Cortés que no podíamos cegar los pozos de agua que conquistábamos a cada instante, porque por la noche los mexicanos los volvían a excavar y levantaban barricadas más fuertes, heridos como estábamos, decidió reunir consejo de capitanes.

Propuso si sería conveniente penetrar por un golpe de mano en la ciudad hasta la plaza de Tatelulco, que es la mayor de todas, y una vez allí podríamos instalar fácilmente nuestros tres campamentos sin tanto riesgo de una retirada por los puentes.

Algunos hombres opinaban que sería más arriesgado plantarse en el corazón de la ciudad. Podríamos convertirnos de sitiadores en sitiados si penetrábamos mientras los indios tendrían en sus manos la tierra y el espacio de la laguna.

Cuando Cortés hubo pesado todos los pros y los contras, fue de parecer que penetrásemos hasta la plaza de Tatelulco, mientras los tlascaltecas y demás aliados acudirían con sus canoas en socorro de nuestros bergantines. Así, una mañana, después de oír misa, encomendándonos a Dios, salimos de nuestro campamento con el capitán Pedro de Alvarado y Cortés, como Gonzalo de Sandoval y los demás salió del suyo. Nos costó mucha sangre y muchos heridos pasar los puentes, tanto de los nuestros como de los tlascaltecas.

Hernán Cortés y los que con él iban ganaron un foso de agua muy profunda sobre el que pasaba una calzada muy estrecha y pequeña, que, por industria y cautela, los mexicanos así la habían construido, planeando ya lo que hizo en efecto Cortés.

Éste, sintiéndose victorioso, y todos sus capitanes y soldados sobre la calzada cubierta por nuestros aliados, avanzaba, siguiendo a los enemigos, los cuales, haciendo semejanza de huir, no dejaban de arrojarnos piedras, dardos y flechas, haciendo breves altos, como si quisieran resistir y no pudieran, de modo que convencieron a Cortés de que les pisara los talones, y viéndole acercarse fingían huir ante él. Pero he aquí que la adversa fortuna, haciendo girar su rueda, hace que a mayores dichas sucedan tristezas mayores.

Hè aquí, pues, que nuestro Cortés andaba en pos del enemigo, y por descuido, y porque Nuestro Señor

Con una tropa muy reducida en número, Hernán Cortés iba ganando terreno gracias a su madurez militar.

Jesucristo lo permitió, él y sus capitanes y soldados no pensaron en rellenar el foso sobre el que pasaban...

Cuando los mexicanos les vieron franquear aquel paso sin cegarlo, pues ellos no deseaban otra cosa, y habían con este fin apostado muchos escuadrones de guerreros, apoyados por jefes valientes, y en la laguna muchas canoas en un lugar que nuestros bergantines no les podían hacer daño en ningún modo, merced a las grandes estacadas que habían plantado en el barro del fondo.

Cortés, cogido en la trampa, se volvieron todos contra él, con gran estruendo y tan recia furia de escuadrones, que los nuestros, no pudiendo sostener el impetuoso vigor de su choque, decidieron ponerse en retirada, todas las enseñas y compañías en buen orden.

Pero el enemigo atacaba con tal furia hasta aquel mal paso, que los españoles se desordenaron de tal suerte que casi no ofrecían resistencia. Viéndolos en derrota, nuestro capitán Cortés trató de reconfortarlos, gritando:

—¡Teneos, teneos, señores! ¿Qué es esto? ¿Volveréis así las espaldas?

Pero no pudo pararlos y los mexicanos, ayudados por las canoas, les derrotaron, le hirieron en una pierna, le tomaron vivos sesenta y tantos soldados y le mataron seis caballos y mulos.

Seis o siete jefes mexicanos le habían agarrado ya y Nuestro Señor le dio fuerzas para defenderse y librarse dellos, pues llegó en el acto un valiente soldado llamado Cristóbal de Olea, natural de Castilla la Vieja, que luchó por libertarle denodadamente y mató a estocadas a cuatro jefes de los que tenían a Cortés agarrado. Le ayudó otro valiente soldado llamado Lerma. Para defenderle, Olea perdió la vida y Lerma estuvo a punto de muerte. En aquel momento llegaron otros que, aunque heridos, se apoderaron del capitán general y se lo llevaron a salvo. Lo sacaron del agua y le dieron un caballo, con el que pudo salir de allí.

En esto nosotros, que nada sabíamos, vimos llegar un nutrido grupo de indios que nos gritaron:

—¡Malinche, Sandoval, a todos los hemos muerto! ¡He aquí sus cabezas!

Y arrojaron a nuestros pies cinco cabezas cortadas de españoles. Y nos querían poner la mano encima, con tanta audacia, que ni tajos, estocadas ni tiros de ballesta les contenían.

A pesar de todo, no perdimos un punto nuestro orden de retirada. Los tlaxcaltecas, oyendo decir que había muerto Cortés, sintieron gran miedo y se oía tocar el tambor del Gran Templo, con sonido tan triste y diabólico, que se oía a dos o tres leguas. Estaban en esta sazón ofreciendo a sus ídolos diez corazones y la sangre de nuestros compañeros.

Y en esto, Guatemuz hizo tocar una trompeta, que nos horadaba los oídos, y era para mandar a sus jefes que nos atacasen con el afán de acabar con nosotros o morir en el empeño.

¿Qué os diré? Aún después de tantos años me parece que lo estoy viendo y oyendo; y fue sólo Dios quien nos salvó, porque estábamos todos heridos. Sin El, no hubiésemos podido llegar a nuestros campamentos y le doy muchas gracias y alabanzas porque me permitió escapar esta vez y otras muchas del poder de los mexicanos.

Los rechazamos de nuestras barracas gracias a dos cañones, y el artillero era un hidalgo que hoy vive en la Puebla, llamado Pedro Moreno de Medrano, el cual, además de haber sido siempre bravo soldado, nos fue en este día de grandísimo socorro.

En esta situación, bien acongojados y heridos, no sabíamos nada de Cortés ni de Sandoval ni de sus tropas, oyendo decir a los mexicanos que los habían muerto, por lo cual estábamos todos en grande tormento.

En cuanto a nuestros bergantines, habían tomado ya uno los indios, matando a tres soldados y herido a su capitán, cuando fue socorrido por otro bergantín que mandaba Juan Jaramillo —fue con este Juan Jaramillo con quien Cortés, dando muestras de su carácter casquivano y falto de escrúpulos, casó a doña Marina, después de haberle dado a él su hijo Martín—, y en otro lugar habían hundido uno cuyo capitán, que vive hoy en la Puebla, llamado Juan de Limpias Carvajal, se volvió sordo de furia en esta ocasión, y de su persona batalló tan gallardamente y animó de tal modo a los soldados remeros, que rompiendo las estacadas, salieron del atolladero, todos bien heridos, salvando así su bergantín, que fue el primero que rompió las estacas.

Entre tanto, Cortés resistía, como nosotros, ataques de los indios hasta su propio campo y mandó mensaje para que supiésemos que vivía. Los indios también decían, arrojando cabezas cortadas, que habían muerto a Pedro de Alvarado. El mismo fue de un campo a otro, y por el camino, bien se vio asendereado de piedras y dardos, porque el Guatemuz tenía hombres apostados para impedir que los españoles se comunicasen de un campo a otro.

(Debemos aclarar, para mayor comprensión del relato, que el nombrado Guatemuz no era otro que Cauauhtemoc, sucesor en el mando de Cuitlahuac, o sea el gran jefe rebelde.)

Hubo una segunda parte del ataque, durante el cual, los tlascaltecas desertaron, a causa de una profecía de su dios

Huichilobos, profecía que fracasó, pues Cortés y los suyos lograron dominar a los indios aztecas, por lo cual los tlascaltecas volvieron a unirse a Cortés, y cuando todavía faltaban algunos reductos por conquistar, la llegada de los refuerzos de esos indios auxiliares ayudó poderosamente a la conquista de la gran capital de Tenochtitlán. Cortés se consideraba ya dueño de México, sustituyendo a Moctezuma y sus descendientes.

CAPÍTULO XXV

LA CAPTURA DE GUATEMUZ

Cortés, que ya estaba impaciente por la prolongación de la resistencia india, ordenó a Gonzalo de Sandoval que fuese a la ciudad a dar un golpe de mano para apoderarse de Guatemuz.

Bernal Díaz comparó esta aventura con la captura de Yugurta por el republicano romano Sila el tirano, enemigo de Julio César y de Mario, cuando aquél estaba refugiado en casa de su suegro, el rey Boco de Mauritania.

Aquella captura debió de parecerles cosa sencilla a los españoles, toda vez que Cortés le ordenó a Sandoval que procurase no matar a ningún indio, salvo «en caso de guerra».

Guatemuz residía cerca de la laguna, para poder huir en caso de necesidad. Sandoval se acercó allí con una escuadra de bergantines. Guatemuz tenía, por su parte, dispuestas cincuenta grandes canoas y cuando oyó aproximarse a los españoles se embarcó con su gente en las canoas, llevándose consigo grandes tesoros. El encargado de perseguirle fue García Holguín, cuyo bergantín era muy ligero, pero con la orden de que si alcanzaba al guerrero indio le respetase la vida.

Cuando los de García Holguín se acercaron, hicieron seña de detenerse a los de la canoa de Guatemuz, pero ellos intentaron seguir huyendo. Entonces, García Holguín mandó apuntar a los ballesteros que llevaba, y Guatemuz tuvo miedo y se dio a conocer.

—¡Soy el rey de México! Te ruego que no toques a mi mujer ni a mis hijos ni a nada de lo que llevo aquí. Llévame a Malinche (Cortés).

Holguín recibió con deferencia al caudillo rendido, abrazándole, y lo hizo entrar en su bergantín, junto con su mujer, a los que dieron algunos víveres. Nadie tocó las canoas que transportaban a los demás fugitivos y sus tesoros.

En cuanto Guatemuz llegó ante Cortés, éste le abrazó igualmente y le recibió como a rey, en un estrado adornado con mantas de vistosos colores.

Guatemuz mostró un gran valor, no estando amilanado en absoluto, y le espetó a Cortés:

—Señor Malinche, hice cuanto estaba en mis manos por defender mi ciudad y mis súbditos. Ya no puedo hacer más, y puesto que comparezco ante ti como vencido, mejor será que saques el puñal que llevas al cinto y me mates ahora y aquí mismo.

Guatemuz se puso a sollozar «con los demás de su séquito».

Cortés le contestó por mediación de doña Marina, que era honroso que hubiese defendido su ciudad y que esto le hacía merecedor de su aprecio y del respeto general.

La captura de Guatemuz tuvo lugar el 13 de agosto de 1521. Aquella noche fue para Hernán Cortés la primera en la que pudo descansar después de noventa y tres días de continuo estrépito y de continua guerra.

Aspecto de México

Según Bernal Díaz, México ofrecía un aspecto desolador después de la campaña. Dice:

Cuando la ciudad estuvo desembarazada de habitantes, Cortés hizo quitar los cadáveres. En el asedio,

aquellos cuitados habían vivido de hierbas y hasta de
cortezas de árbol, sin más bebida que agua salada.

Bernal Díaz sigue contando que estuvo muchos meses atosigado por el horror de lo visto, así como por los sacrificios humanos presenciados anteriormente, y su salud mental se vio gravemente afectada.

Por su parte, Cortés había perdido a muchos amigos, aunque había tenido que ir endureciendo su carácter al tener que tolerar, por ejemplo, el canibalismo de aquellos indígenas. Por otro lado, se había visto obligado a destruir aquella bella ciudad que un día había soñado conquistar gracias al buen arte político. Cortés, en efecto, había tenido que abrirse paso hacia el triunfo a través de montones y montones de cadáveres. Y, por supuesto, él —a pesar de todo lo que digan las crónicas— no era hombre para gozar de una victoria lograda a tan alto precio.

Sin embargo, no se derrumbó por ello y con buen ánimo siguió en la brecha.

De lo que sucedió inmediatamente después vamos a sintetizar el relato de Madariaga, el más pormenorizado de todos. Cortés se salvó de no caer en el desánimo a la vista de la destruida ciudad, su sed de acción que animaba su espíritu. Su primer cuidado fue el de la reconstrucción. Dio instrucciones a Guatemocín para que hiciese reparar todo lo dañado y a continuación ordenó que los habitantes supervivientes retornasen a sus casas, reservando ciertas zonas para los españoles. Entonces se planteó la construcción de la nueva capital y todos estuvieron de acuerdo de que había de ser en el emplazamiento de la propia Tenochtitlán por su viejo prestigio. Así se hizo aunque quizás el emplazamiento, como se vio por la historia posterior: inundaciones, terremotos, etcétera, no era el más adecuado.

Pocos meses más tarde Cortés podía escribir al Emperador:

> *La dicha ciudad de Tenochtitlán se va reparando;*
> *está muy hermosa; y crea Vuestra Majestad que cada*

día se ira ennobleciendo en tal manera que, como antes fue principal y señora de todas las provincias que lo será también de aquí en adelante.

Esta dedicación le distrajo del recuerdo de que pronto había que pensar en la distribución del botín, motivo siempre de agudas querellas. Guatemocín se quejó de que los españoles se propasaban con las indígenas, Cortés le dio licencia para averiguar lo que había de cierto y el caudillo azteca se encontró que de las mujeres robadas por los conquistadores sólo tres desearon volver con su pueblo... Pero el botín humano era más fácil de distribuir que el oro.

Cuenta Bernal Díaz que Cortés quiso festejar su victoria con los soldados y que —cosa frecuente— éstos bebieron más de la cuenta y empezaron a solicitar el oro a manos llenas, que todavía no llegaba. Pero no era solamente la comprensible ambición del soldado de a pie quien solicitaba su justa recompensa, sino el Tesorero Real, Alderete apremiaba a Cortés para que enviara el Quinto Real estipulado. Cortés ordenó a Guatemocín que le trajeran todo el botín que los españoles habían perdido en la Noche triste y éste sólo pudo reunir lo equivalente a una parte. Cortés ordenó fundir los objetos reunidos y tras la obtención del codiciado metal separó el Quinto para la Corona y el Quinto para sí... fue entonces cuando se desataron las murmuraciones y quejas más diversas.

De las de sus soldados no hizo el menor caso, pero la presión de Alderete fue tal que cedió a ella, consintiendo en dar tormento a Guatemocín para que confesara la supuesta ocultación de la mayor parte del oro. Guatemocín dio algunas indicaciones que permitieron el descubrimiento de algunas piezas de sumo valor y en particular de un disco de oro, sol o calendario, verdadera «piedra de Rosetta azteca»*.

---

* La piedra de Rosetta, descubierta por un soldado de Napoleón en su campaña de Egipto, permitió a Champollion el desciframiento de los jeroglíficos.

Cortés dejó por zanjada la cuestión y ordenó la suspensión del suplicio.

A nuestros ojos tal procedimiento nos puede parecer horripilante, pero era moneda corriente en aquellos tiempos en toda Europa, y además Cortés todavía no había recibido la unción de la autoridad real por lo que en teoría Alderete era el verdadero representante de la Corona. Episodio sórdido éste de Cortés pero más sórdido el hecho que lo provocó.

CAPÍTULO XXVI

LA CAMPAÑA CONTRA OLID

Cortés redactó, antes de que se promulgaran las Leyes de Indias, unos reglamentos muy prudentes, que eran en realidad unas simples ordenanzas militares.

Así, obligó a los encomenderos, o sea propietarios, a cuidar de la educación de los naturales del país. En las poblaciones se debía reunir a los hijos de los indios nobles, a fin de enseñarles la doctrina y ponerlos en contacto con los misioneros cristianos.

Nada pasó inadvertido a sus ojos de águila, a su mente de buen legislador. Incluso se ocupó de la técnica agrícola y de la reproducción y aclimatación de las especies animales.

Dice Pereyra:

> *El reglamento de posadas y aranceles para el pago de alojamientos son un tesoro de datos. Se ve lo que valen las vacas, los carneros, los cerdos y las gallinas, los pavos y los huevos.*

La rebeldía de Olid

Según Bernal Díaz, Cristóbal de Olid poseía una «extremada bravura, tanto a pie como a caballo, valeroso varón, pero más hecho para ser mandado que para mandar.

»Tenía treinta y seis años y era natural de los aledaños de Baeza o de Linares, o sea, jiennense, seguramente. Era alto y hermoso de cuerpo, membrudo y ancho de espaldas, de pelo rubicundo y gentil.

»Al comienzo, en México, era gran servidor de Cortés, pero la ambición de mandar y de no ser mandado le cegó, y también los malos consejeros. Además, habiendo sido criado cuando era mozo en la casa de Diego de Velázquez, sirviéndole de lengua —o sea, de intérprete— en Cuba, aunque fuese más de los de Cortés que de Velázquez, a éste le estaba agradecido por el pan que había comido a su mesa.

»Así, pues, terminado el negocio con Diego Velázquez, muchos habitantes de la isla de Cuba y sobre todo aquellos que le habían aconsejado alzarse, partieron en compañía de Cristóbal de Olid. Y no teniendo nada que hacer en esta isla, habiendo embarcado las provisiones en sus navíos, mandó izar velas a toda su armada y, por un viento favorable, fue a desembarcar en una pequeña bahía a unas quince leguas del puerto de Caballos.»

Cristóbal de Olid, pues, se adueñó de parte de la nueva tierra explorada. Cuando lo supo Cortés, envió un emisario, Francisco de las Casas, a someterle, pero al poco tiempo, temiendo que se le reprochase su inacción, Cortés, viendo que había de volver a pelear, se puso en marcha con su ejército.

La campaña contra Olid

Cortés pasó nuevas penalidades en la campaña contra Cristóbal de Olid, casi tan grandes como las padecidas hasta entonces.

Además, para mayor colmo de desdichas tenía un brazo fracturado, y pese a ello se puso en marcha.

Seguro de la victoria, se hizo acompañar de un séquito que Pereyra comparó al de un príncipe: bufones, camareros, vajillas de oro y de plata, y una piara enorme de cerdos.

Respecto a la tropa, además de los españoles llevaba unos cinco mil indios.

Captura del último jefe rebelde, Cauanhtemoc, llamado Guatemuz por los españoles.

Como iba a estar ausente un tiempo indeterminado, le encargó el gobierno de Nueva España al tesorero don Alonso de Estrada, al contador Rodrigo de Albornoz y al licenciado —abogado— Alonso Suazo.

De acuerdo con Pereyra, «aquella campaña ofreció unas dificultades de marcha muy superiores a las de otros conquistadores españoles: ni Almagro en su exploración del desierto de Atacama, ni Pizarro en el Perú, ni Quesada en Colombia, tropezaron con tantos obstáculos. Era asombrosa la vitalidad de aquel hombre».

Primero tropezaron con un dédalo de ríos tropicales, que a cada instante cambiaban de cauce, debido a las lluvias, entre espesísimas selvas, que debían talar a medida que avanzaban.

Uno de los acompañantes, que no quiso desprenderse de las monedas de oro y otros tesoros que llevaba, lo perdió todo en un río y no pudo recuperarlas por estar infestadas las aguas por los caimanes. Y así cruzaron, casi siempre con agua hasta la cintura o improvisando barcas, los ríos Mazcalapa, Grijalba y Usumacinta.

Llevaban asimismo a la intérprete doña Marina que, como se dijo, después de haber sido la amante inseparable del caudillo Cortés, éste la había cedido a Juan Jaramillo, ayudante suyo. Y durante la marcha sucedió una historia sentimental. Doña Marina encontró entre los indios de la comarca que cruzaban, a su madre, que antaño la había vendido a unas tribus indias, de donde había ido a parar a manos de los zempoala primero y después a los españoles, y a los brazos de Hernán Cortés... y ahora a los de Jaramillo. Doña Marina perdonó a su madre «como José vendido por sus hermanos también los perdonó».

Una leyenda quiere que doña Marina siguiese fiel a Hernán Cortés hasta el fin de sus días, que, siempre según la leyenda, no se hizo esperar pues había contraído una cruel enfermedad —seguramente una especie de tuberculosis—. Pero esto pertenece puramente al campo legendario, aunque lo han

174

aprovechado algunos novelistas para pergeñar varias novelas de cariz sentimentaloide.

Finalmente, terminó la rebelión de Olid con la victoria de Cortés, habiendo sido mucho más difícil la marcha a través del territorio que la misma pelea con el rebelde.

Vejaciones contra Hernán Cortés

No ha habido ningún gran hombre que no haya tenido sus enemigos o no haya tenido que justificar sus actos. Tal le ocurrió a Julio César, y a otros muchos. Cortés no escapó a esta suerte.

Pese a ser considerado ya un verdadero prohombre de la patria, de pronto se supo que Cortés debía ser «residenciado», es decir, examinado por un juez que llegaba de España por orden del Consejo de Indias para averiguar si el conquistador había obrado siempre debidamente en su gobierno.

El Estado español, el monarca, todos los habitantes de España le estaban hondamente agradecidos por cuanto había hecho y por todo lo que había aportado al erario español, pero era preciso pedirle cuentas. Y Cortés recibió la noticia de la llegada del juez a finales de junio de 1523.

El juez se llamaba Estrada y era capaz de cometer injusticias como cualquier hijo de vecino. Y cuando se vio en funciones de «residenciador» quiso emplear mano dura. Por lo tanto, injustamente, desterró a Cortés de la capital de Tenochtitlán, pero Cortés le dio una respuesta muy acorde con su carácter y su amor propio herido: prometió ir a Castilla pidiendo justicia.

Hernán Cortés en España

Cortés, pues, se presentó en España, y su llegada asombró y deslumbró. Era el primer «indiano» que llegaba de las Indias y traía maravillas. Como estaba viudo y no era aún viejo, casóse con doña Juana de Zúñiga, sobrina del duque de Béjar e hija del conde de Aguilar.

Mientras tanto, el Consejo de Indias tardó dos años en estudiar la gestión de Cortés en México. Carlos I le nombró marqués del Valle de Oaxaca, caballero de Santiago, capitán general adelantado del Mar del Sur... y pasados aquellos dos años, ya en 1530, Cortés regresó a México, donde fue recibido con todos los honores y donde pasó aún diez años más, hasta cumplir los cincuenta y cinco.

En su palacio de Cuernavaca se dedicó preferentemente a la agricultura y la ganadería, sin ejercer cargo político alguno, pese a que seguía teniendo una gran influencia en todos los asuntos.

Patrocinó exploraciones e hizo construir navíos en Acapulco, haciendo asimismo explorar la costa occidental de México.

Mientras tanto, había empezado ya la era de los virreinatos, y en tiempo de Cortés, fue el virrey don Antonio de Mendoza quien invitó a menudo a su mesa al gran conquistador.

También invitado por el virrey, Cortés tomó parte en un torneo en 1538.

CAPÍTULO XXVII

HERNÁN CORTÉS, DEFINITIVAMENTE EN ESPAÑA

Regreso definitivo de Cortés a España

Fue en 1540 cuando Hernán Cortés regresó a España dejando en México a su esposa doña Juana, de la que había tenido ya dos hijos, Martín y Luis, y viviendo también con ellos el hijo de doña Marina, también llamado Martín.

Cortés, lo mismo que Colón, en sus exploraciones había perdido mucho dinero, por lo que tuvo necesidad de recurrir a Carlos I, que estaba a la sazón en Argel luchando contra los musulmanes. Con este fin se alistó a la expedición, aunque lo cierto es que, pese a cuanto dice la leyenda, Cortés no murió pobre... como tampoco murió pobre Cristóbal Colón.

De su vida dejaba varios hijos entre legítimos y naturales: un hijo y tres hijas de su matrimonio con doña Juana; don Martín, habido con doña Marina, que le sucedió en el marquesado; hubo cuatro hijas naturales más: Catalina Pizarro, habida con una cubana india; Leonor y María, de dos indias mexicanas; y otra Leonor, de otra india.

El rey de España, Carlos I, llevaba a sus espaldas cada vez un fardo más pesado de preocupaciones europeas. Los súbditos de la corona veían en Carlos un rey cada vez más costoso.

En 1539, el rey contaba treinta y nueve años de edad, y empezaba a sentirse un tanto cansado. Su esposa, la emperatriz Isabel, murió el 1° de mayo de aquel mismo año. Y precisamente, Isabel había muerto cuando Carlos más la necesitaba: Alemania estaba invadida por la herejía protestante, y hacía rápidos progresos en Flandes, aumentado y complicando una agitación política que se manifestó por aquel entonces en la actitud amenazante de los burgueses de Gante, su propia ciudad natal. En noviembre de aquel mismo año, en contra de la opinión de la mayoría de sus consejeros españoles, Carlos se dirigió a Flandes, atravesando Francia y confiando en la palabra dada por Francisco I.

Dejó en España como regente al Cardenal Arzobispo de Toledo, a la sazón don Juan Tabera. Los asuntos de América seguían en manos del Cardenal Loaisa. Así, estos fueron los hombres a los que Cortés tuvo que exponer sus problemas y pleitos cuando llegó a España por segunda y definitiva vez en 1540.

Se le recibió con consideración. El propio Bernal Díaz —quien también se hallaba en España— cuenta que cuando los representantes de la corona se enteraron de que Cortés llegaba a Madrid enviaron representantes para recibirle, y le ofrecieron como residencia la casa del Comendador don Juan de Castilla.

Y también salían a recibirle cada vez que se presentaba ante el Consejo. Hernán Cortés, entonces, exponía una y otra vez su causa: la fortuna gastada al servicio de la Corona; los vasallos prometidos y que nunca habían sido mandados; los ataques criminales de Nuño de Guzmán a sus propiedades y privilegios, etcétera.

Pero los representantes del Consejo preferían esperar al regreso del emperador Carlos antes de pronunciarse sobre el caso de Hernán Cortés.

Mientras tanto, el emperador había sofocado la rebelión en Gante, e intentaba reducir a la obediencia a los protestantes rebeldes de Ratisbona y, durante el verano de 1541, cruzó los Alpes para dirigirse a Italia con doce mil alemanes y mil caballos, completamente decidido a tomar Argel por asalto a fin de destruir de una vez por todas el peor centro infiel del Mediterráneo.

Después de una corta entrevista con el Papa, Carlos se hallaba dispuesto para embarcar. Tenía en el puerto treinta y cinco galeras, que mandó con sus italianos y alemanes a Mallorca, donde allí se unió con ciento cincuenta navíos, seis mil españoles y cuatrocientos caballos. Mandaba la flota Andrea Doria. Entonces vino de España otra armada en la cual figuraban los nombres más ilustres de España. Y, entre ellos, el propio Hernán Cortés, marqués del valle de Oaxaca.

El 23 de octubre de 1541, frente a Argel, el emperador dio orden de que desembarcasen las tropas españolas con víveres para tres días. Carlos I envió un mensaje al renegado Azán Aga, recordándole que era hijo de padres cristianos e instándole que rindiese Argel al emperador, prometiéndole honores para él y libertad para sus súbditos. Pero Azán Aga se negó.

De esta forma se inició el asedio. Mas una desastrosa tormenta hizo que se perdieran numerosos barcos y muchas vidas. Uno de los barcos que se perdió fue el de Cortés, aunque él pudo salvar la vida.

El emperador decidió retirarse. Tenía a su alrededor buenos caudillos militares, pero sólo uno que había sabido conquistar todo un imperio con pocos hombres y menos caballos. Sin embargo, nadie quiso escuchar al gran conquistador, pese a que él estaba convencido de la victoria.

Y Cortés regresó a España en donde siguió viviendo hasta su muerte sin poder conseguir los fines que le habían traído al continente que le vio nacer: riqueza, honores y reconocimiento.

CAPÍTULO XXVIII

EL FINAL DE HERNÁN CORTÉS

El testamento de Hernán Cortés

Hernán Cortés, poco antes de morir, viajó a Sevilla con la idea de pasar a América y morir en México. También esperaba la llegada de su hija mayor, doña María, que llegaba a España para contraer matrimonio con don Alvar Pérez Osorio, hijo y heredero del marqués de Astorga. Y fue precisamente en Sevilla donde redactó su testamento, el 12 de octubre de 1547.

El testamento deja tres puntos muy claros, que son sus tres preocupaciones básicas: el primero era su familia y casa. El segundo, la situación de Nueva España. Y el tercero, su conciencia y la salvación de su alma.

La primera cláusula de su testamento especifica que debe ser enterrado en Cuyoacán, México. En dicho testamento se refiere a fragmentos de sus cartas e informes, en los que expresa una clara visión de una Nueva España donde vivirán españoles y mexicanos en paz y concordia.

En realidad, Cortés fue el primero que fundó en aquellas tierras hospitales, monasterios y centros de enseñanza y cultura, y en su testamento legó sumas para fundar y sostener un hospital, un convento y un colegio universitario para darle a México una clase indígena inteligente.

Cortés, en su testamento, da a entender que no tiene la conciencia muy tranquila sobre el trato concedido a los naturales del país por los españoles. Sabía sobradamente que era objeto de controversia el derecho de los españoles a convertir en esclavos a los indios mexicanos, y de los demás territorios conquistados.

En su testamento manda a sus herederos que:

> *Porque acerca de los esclavos naturales de la dicha Nueva España, así como de guerras y de rescates, ha habido y hay todavía muchas dudas y opiniones sobre si se ha podido tener con buena conciencia o no, y hasta ahora no está determinado, mando que todo aquello que generalmente se averiguará, que en este caso se debe hacer para descargo de las conciencias en lo que toca a estos esclavos de la dicha Nueva España, se haga y cumpla en todos los que yo tengo, e encargo y mando a don Martín, mi hijo sucesor, y a los que después dél sucedieren en mi estado que para averiguar esto hagan todas las diligencias que convengan al descargo de mi conciencia y suyas.*

Asimismo, se preocupó de lo que pudo haber adquirido injustamente:

> *Mando que porque en algunos lugares de mi estado se han tomado algunas tierras para huertos y viñas y algodonales y para otros efectos que se averigüe y se sepa si estas tales tierras eran propiamente de algunos de los naturales de aquellos pueblos y siendo así, mando que se les restituyan.*

Hernán Cortés había fracasado como hombre de acción, ya que aunque llevó a cabo una de las hazañas más gloriosas con que cuenta la Historia, la arrojó al azar, primero exponiéndola a la temeridad de Pedro de Alvarado, y después sacrificándola a su propia impaciencia para con Cristóbal de Olid. Más tarde volvió a fracasar como hombre de acción al no poder dominar las intrigas de la Corte ni poder llegar a con-

Como todos los grandes hombresm Cortés conoció traiciones y asechanzas, pero las enfrentó presentándose a Carlos I de España.

183

graciarse plenamente con el Emperador, puesto que esto fue lo que en verdad ocurrió.

Finalmente, al sentir cerca su muerte, buscó la paz de su alma en un escrutinio severo de sus actos, según los principios de la justicia «que prevalecía en su tiempo».

Y estando en Castilleja de la Cuesta, cerca de Sevilla, el 2 de diciembre de 1547, abandonó esta tierra el que fue sin duda alguna uno de los mayores conquistadores de todos los tiempos.

CRONOLOGÍA

1485 — Nace Hernán Cortés.

1492 — Nace en Medina del Campo Bernal Díaz del Castillo, principal biógrafo de Hernán Cortés y Cronista de Indias.

1499 — Hernán Cortés va a estudiar a Salamanca.

1501 — 3 de setiembre: Nicolás Ovando es nombrado gobernador de las Indias.

1502 — 13 de febrero: Ovando parte de Sanlúcar de Barrameda con rumbo a las Indias.

1504 — Hernán Cortés parte de Sanlúcar y llega a Santo Domingo —La Española— en la Pascua Florida.

1509 — Fonseca zarpa de Santo Domingo.
— 10 de julio: Llega Diego Colón a Santo Domingo.

1511 — Diego Colón decide afianzar el dominio español sobre la isla de Cuba.

1514 — Bernal Díaz del Castillo se embarca para Darién.

1517 — Bernal Díaz regresa a Cuba.

1519 — Carlos I concede a Francisco de Garay el título de Adelantado de las Indias.
— 10 de febrero: Nueve navíos de Hernán Cortés salen con rumbo a San Antón.
— 13 de marzo: La armada de Cortés fondea en Tabasco, el día de Jueves Santo.
— 16 de agosto: Cortés sale de Zempoal.
— 31 de agosto: Cortés se encamina a Tlascala.
— 23 de setiembre: Cortés entra triunfalmente en Tlascala.
— 13 de octubre: Cortés parte hacia Cholula.
— 8 de noviembre: Cortés llega a las puertas de México.
— 9 de noviembre: Cortés rinde visita a Moctezuma.
— En diciembre, Moctezuma se presta a ser vasallo de Carlos I.

1520 — 4 de mayo (fecha aproximada): Cortés sale de México.
— 29 de mayo: Victoria contra Narváez.
— 25 de junio: Cortés penetra en México nuevamente.
— 30 de junio: La Noche triste.
— 8 de julio: Cortés llega a Hueyotlipan.
— 12 de julio: Cortés y su ejército marchan hacia Tlascala.
— Agosto: Campaña de Tepeaca.
— 7 de setiembre: Nombramiento oficial como Ueilatoani a Ciutlahuac.

1520 — 30 de octubre: Cortés propone que el país conquistado se llame «Nueva España del Mar Océano».
— 26 de octubre: Cortés promulga sus famosas ordenanzas militares.
— 20 de diciembre: Salida de Tlascala de Cortés y sus hombres.

1521 — Cortés dirige una gran campaña contra los indios.
— 5 de abril: Hernán Cortés sale de Tezcuco.
— 13 de abril: Cortés se dirige a Cuernavaca.
— 15 de abril: Cortés se halla frente a Xochimilco.
— 18 de abril: Cortés va hacia Cuyoacán.
— 28 de abril: Botan trece bergantines para Cortés.
— 26 de mayo: Destrucción del acueducto de Chapultepec.
— 31 de mayo: Sandoval se instala en Iztapalapa.
— 3 de agosto: Captura de Guatemuz.

1522 — 15 de octubre: Reconocimiento oficial de Hernán Cortés como gobernador legítimo de Nueva España.
— 20 de diciembre: Los procuradores se hacen a la mar en Veracruz.

1524 — 13 de mayo: Llega a San Juan de Ulúa la primera misión de frailes franciscanos.
— En verano, navegan por el Mar del Sur los primeros navíos de Hernán Cortés.

1528 — 17 de marzo: Regreso de Cortés.
— En otoño, Cortés se presenta ante el Emperador Carlos I.

1530 — En primavera, Hernán Cortés vuelve a México.

1540 — Regreso definitivo de Cortés a España.

1547 — El 2 de diciembre muere el conquistador de México, Hernán Cortés.

ÍNDICE